AI 시대, 왜 우리는 인간관계를 말하는가

다시,
인간관계론

DALE CARNEGIE'S PRINCIPLES
AI 시대, 왜 우리는 인간관계를 말하는가
다시,
인간관계론
제이한 (J. Han) 지음
데일 카네기의
원칙으로 배우는
AI시대 인간관계 법칙
'기술은 변해도, 사람의 마음은 변하지 않는다'
"비판하지 말고,
비난하지 말고,
불평하지 말라"
- 데일카네기 -

리프레시

왜 지금 다시 '카네기'인가?

AI는 이미 우리의 인간관계를 바꾸고 있다. 메시지를 정리해주고, 어색한 상황에서 건넬 말을 제안해주고, 더 부드럽고 매끄러운 표현까지 만들어준다. 덕분에 사람들과 연결되는 일은 훨씬 쉬워졌다. 하지만 연결이 쉬워졌다고 해서 관계까지 깊어진 것은 아니다. 더 자주 연락하고 더 많이 소통하면서도, 정작 진짜 가까운 관계는 줄어들고 있다는 감각은 오히려 더 또렷해지고 있다.

이제 인간관계는 사라지는 것이 아니라 기준이 달라지고 있다. 예전에는 말을 잘하는 사람이 관계를 잘 이끄는 것처럼 보였다면, 앞으로는 그 말이 얼마나 진짜인가가 더 중요해질 것이다. AI가 글을 쓰고 감정이 담긴 표현까지 흉내 낼 수 있는 시대가 되었기 때문이다. 그래서 사람들은 점점 더 말의 매끄러움보다 태도와 행동, 그리고 일관성을 보게 될 것이다. 결국 관계를 지키는 것은 그럴듯한 표현이 아니라 믿을 수 있는 사람이라는 사실이 다시 분명해지고 있다.

바로 이 지점에서 데일 카네기를 다시 읽어야 할 이유가 생긴다. 카네기의 원칙은 단순한 처세술이 아니다. 사람의 마음이 언제 닫히고, 언제 열리는지를 보여주는 오래된 통찰이다. 사람은 비판 앞에서 쉽게 방어하고, 존중받는다고 느낄 때 비로소 마음을 연다. 억지로 설득당하면 멀어지고, 진심으로 이해받는다고 느낄 때 움직인다. 기술이 아무리 달라져도 이 원칙만은 쉽게 바뀌지 않는다.

AI는 문장을 도와줄 수는 있어도 관계를 대신 살아주지는 못한다. 위로의 말을 만들어줄 수는 있어도, 함께 시간을 보내며 쌓이는 신뢰까지 대신 만들 수는 없다. 그래서 앞으로 더 중요해지는 것은 말을 잘하는 능력이 아니라 사람을 편안하게 하고 믿게 만드는 힘이다. 공감, 배려, 책임감, 그리고 진심 같은 요소들은 오히려 더 귀한 가치가 될 것이다.

이 책은 바로 그런 시대에 카네기의 원칙을 다시 꺼내어 보려는 시도다. 스마트폰 화면 속 대화든, 회의실 안의 협업이든, 사람의 마음을 얻는 기본은 여전히 같다. 편리함은 커졌지만 진정성의 가치는 더 커진 시대. 그래서 지금 다시 카네기를 읽어야 한다.

제4부 사람을 성장시키는 리더십의 원칙

1부 :

사람을 다루는
세 가지 기본 원칙

◆ ◆ ◆ ◆ ◆ ◆

프롤로그에서 우리는 AI가 완벽하고 매끄러운 문장을 몇 초 만에 대신 써주는 시대에도, 사람의 마음을 얻는 본질은 결코 변하지 않았음을 확인했다. 기술이 발전하고 대화의 도구가 달라질수록 역설적으로 더 중요해지는 것은, 날카로운 효율성 너머에 있는 관계의 기본기이다.

본격적인 여정의 출발점인 1부에서는 사람을 다루는 가장 기본적인 원리를 살펴본다. 잘못을 바로잡고 싶을 때 반사적으로 튀어나오는 비판을 잠시 멈추고 관찰의 언어로 다가가는 법, 영혼 없는 과잉 칭찬의 시대에 기계가 결코 자동화할 수 없는 진심 어린 인정을 전하는 법, 그리고 표면적인 불만 뒤에 숨겨진 결핍과 두려움이라는 진짜 욕구를 읽어내는 법을 따라간다.

사람은 논리가 아니라 감정으로 움직인다. 1부를 통해 우리는 화려한 대화 스킬을 덧붙이기 전에, 상대의 방어막을 내리고 마음이 닫히지 않게 다가가는 가장 단단하고 변하지 않는 기초를 다지게 된다.

제 1 장

비판이라는 이름의
부메랑을 던지지 마라

비판은 방어를 부르고, 관찰은 변화를 연다

◇ 비판이 사람을 닫히게 만드는 이유

우리는 하루에도 여러 번 누군가를 바로잡고 싶은 순간을 만난다. 아이가 같은 실수를 반복할 때도 있고, 배우자가 약속을 가볍게 넘겼다고 느껴질 때도 있으며, 회사에서는 동료가 중요한 자료를 잘못 정리해 왔을 때도 있다. 그럴 때 가장 먼저 떠오르는 말은 대부분 비슷하다. "왜 또 이렇게 했어?", "도대체 생각이 있는 거야?", "이건 너무 성의 없는 것 아닌가?" 문제를 빨리 바로잡고 싶은 마음이 앞설수록 말은 더 날카로워진다.

이 반응은 우리가 기술을 다루는 방식에 익숙해진 시대의 습관과도 닮아 있다. 챗GPT나 제미나이 같은 AI를 사용할 때 우리는 틀린 답에 곧바로 "이 답변은 틀렸어. 다시 써"라고 말한다. 기계는 상처받지 않고 곧바로 수정한다. 자존심도, 수치심도 없기 때문이다. 문제는 우리가 이런 즉각적 수정 방식에 익숙해진 나머지 사람에게도 같은 태도를 적용하려 한다는 점이다. 하지만 사람은 논리만으로 움직이지 않는다. 자신이 틀렸다는 사실을 타인 앞에서 마주하는 순간, 교정보다 방어에 먼저 반응하는 경우가 많다. 아이에게 "왜 방을 또 이렇게 어질러놨니?"라고 말하면 아이는 정리의 필요성보다 자신이 혼나고 있다는 감정을 먼저 느낀다. 배우자에게 "당신은 맨날 이런 식이야"라고 말하면 상대는 약속 문제보다 자신이 공격받고 있다고 받아들이기 쉽다. 직장에서도 "이 기획안은 왜 이렇게 성의가 없어요?"라는 말은 내용보다 먼저 사람을 움츠러들게 만든다.

데일 카네기는 『인간관계론』 글 첫머리에서 단호하게 말한다. *"Don't criticize, condemn, or complain."* 비판하지 말고, 비난하지 말고, 불평하지 말라는 뜻이다. 이어서 그는 *"Any fool can criticize, condemn, and complain—and most fools do."*라고도 말한다. 비판하고 비난하고 불평하는 일은 누구나 할 수 있다는 뜻이다. 어려운 것은 상대의 마음을 닫히게 하지 않으면서 변화를 이끄는 방식이다.

비판을 받는 순간 사람의 마음에서는 생각보다 복잡한 일이 벌어진다. 머리로는 상대 말이 맞다는 것을 알아도, 감정은 그것을 단순한 수정 요청으로 받아들이지 않는다. 내 능력을 깎아내리는 평가처럼 들리기도 하고, 실수가 드러났다는 수치심으로 번지기도 한다. 그러다 보니 사람은 잘못을 인정하기보다 먼저 자신을 지키는 쪽으로 움직인다. 변명하거나, 상황을 탓하거나, 맞받아치는 것도 그 연장선이다.

카네기는 "비판은 사람을 방어적으로 만들고, 자신을 정당화하도록 몰아가며, 상대의 자존심에 상처를 입히고 원한을 남기게 한다"고 말한다. 비판이 실패하는 이유는 내용이 틀려서가 아니다. 전달 방식이 사람의 방어를 먼저 건드리기 때문이다. 이 원리는 비대면 환경에서 더 쉽게 드러난다. 표정과 목소리처럼 감정을 완충해주는 요소가 빠지면 짧은 지적도 훨씬 차갑게 읽히기 쉽다. 이 지점은 뒤의 텍스트 대화의 장에서 다시 살펴보겠지만, 여기서 기억해야 할 핵심은 분명하다. 사람은 비판을 들을 때 문제의 해결보다 먼저 자기 자신을 지키려 한다.

우리는 흔히 이런 말을 다 잘되라고 하는 소리라고 여긴다. 그러나 아무리 정확한 지적이라도 상대의 자존심을 먼저 건드리는 방식으로 전달되면, 돌아오는 것은 변화보다 저항일 가능성이 크다. 비판은 말을 꺼낸 사람에게는 빠른 교정처럼 보일 수 있지만, 듣는 사람에게는 자기 자신을 지켜야 하는 순간처럼 느껴진다. 바로 그 차이 때문에 비판은 자주 부메랑이 되어 돌아온다.

◇ **지적 대신 관찰로 시작하는 법**

필요한 것은 지적의 언어가 아니라 관찰의 언어이다. 데일 카네기가 말한 **"비판하지 말라"**는 원칙은 아무 말도 하지 말라는 뜻이 아니다. 평가와 비난이 섞인 표현은 덜어내고, 눈에 보이는 사실을 차분히 짚으라는 뜻에 가깝다. 관계를 닫지 않으면서 필요한 말을 시작하는 가장 좋은 방법은 관찰로 말문을 여는 것이다. 이때 가장 먼저 붙들어야 할 것은 관찰이다. 비판과 관찰은 비슷해 보여도 결이 다르다. 비판은 상대의 태도나 의도를 재단하는 말이고, 관찰은 실제로 확인된 사실만 짚는 말이다.

"왜 또 방을 이렇게 어질러놨니?"라고 말하면 아이는 정리의 필요성보다 먼저 자신이 게으른 사람으로 평가받았다고 느끼기 쉽다. 반면 "바닥에 옷이랑 책이 그대로 나와 있네"라고 말하면 해석보다 사실이 먼저 전달된다.

"김 대리, 이번 기획안은 왜 이렇게 성의가 없어요?"라는 말은 태도를 문제 삼지만, "기획안 3페이지를 보니 작년 기준 데이터가 들어가 있네요"라고 하면 상대도 방어보다 확인에 더 쉽게 들어갈 수 있다.

이 차이는 단순히 부드럽게 말하는데 있지 않으며, 사람자체를 문제삼지 않고 상황만 문제로 다룬다는데에 있다. 비판은 상대 전체를 겨누기 쉽지만, 관찰은 지금 눈앞에서 벌어진 사실에만 초점을 맞춘다. 그래서 관찰은 상대를 움츠러들게 하기보다, 같은 장면을 함께 보게 만든다. 이 방식은 비대면 환경에서도 특히 중요한데 표정과 억양이 빠진 자리에서는 짧은 지적이 실제보다 더 단단하게 읽히기 쉽기 때문이다. 더더욱 첫 문장을 평가가 아니라 사실

로 시작하는 감각이 필요하다. 텍스트의 온도와 전달 방식은 뒤에
서 다시 다루겠지만, 여기서 먼저 붙들어야 할 원칙은 분명하다.
관찰은 관계를 닫히게 하지 않으면서도 대화가 계속 이어질 수 있
는 자리를 만들어준다.

중요한 것은 내용도 내용이지만 첫 문장을 무엇으로 시작하느
냐이다. 비판은 사람을 닫히게 하지만, 관찰은 같은 장면을 함께
보게 만든다. 관계를 해치지 않으면서 변화를 열고 싶다면, 먼저
첫 문장을 관찰로 바꿔야 한다.

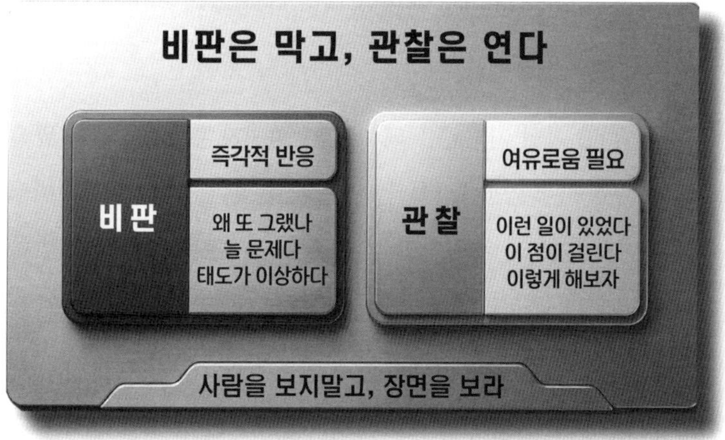

◇ 감정이 올라올 때 잠시 멈추는 이유

우리는 기계가 아니기에 누군가 내 노력을 가볍게 여기거나, 같
은 실수를 반복하거나, 납득하기 어려운 변명을 늘어놓는 순간 마
음이 곧바로 반응한다. 그때 "도대체 생각이 있는 거야?" 같은 날

선 말이 먼저 튀어나오는 것도 이상한 일은 아니다. 감정이 먼저 치고 올라오는 것은 인간에게 자연스러운 반응이다.

문제는 지금의 디지털 환경이 이런 즉각적 반응을 너무 쉽게 밖으로 꺼내게 만든다는 데 있다. 스마트폰 화면 위에서 손가락 몇 번만 움직이면, 정리되지 않은 감정이 그대로 메시지가 되어 상대에게 도달한다. 보내는 데는 몇 초면 충분하지만, 그 몇 초가 인간의 관계에서는 오래 남게 되며, 대면에서는 표정으로라도 수습할 수 있는 말이, 비대면에서는 훨씬 더 단단하게 박혀버리기도 한다. 감정이 올라오는 순간에는 반응을 빠르게 내놓는 것보다 잠시 멈추는 것이 더 중요하다. 빅터 프랭클은 "자극과 반응 사이에는 공간이 있다. 그 공간에는 자신의 반응을 선택할 수 있는 자유와 힘이 있다"라고 말했다. 인간관계에서 문제를 키우지 않으려면 바로 그 공간을 의식적으로 만들어야 한다.

데일 카네기도 비슷한 맥락으로 말한다. *"When dealing with people, let us remember we are not dealing with creatures of logic. We are dealing with creatures of emotion, creatures bristling with prejudices and motivated by pride and vanity."* **사람을 대할 때 우리는 논리적으로만 반응하는 존재가 아니라, 편견에 사로잡히고 자존심과 허영심에 쉽게 흔들리는 감정의 존재를 상대하고 있다는 뜻이다.** 감정이 흔들린 상태에서 즉각적인 반응은 해결보다 상처를 남긴다.

이때 도움이 되는 것이 짧은 멈춤이다. 엔터키를 누르려던 손을 잠시 떼고, 숨을 한 번 고르고, 스스로에게 묻는 것이다. "내가 지금 정말 원하는 것은 무엇인가." 상대를 이기고 싶은 것인지, 내 답답함을 쏟아내고 싶은 것인지, 아니면 문제를 풀고 싶은 것인지 확인하는 순간 감정의 속도는 조금 늦춰진다. 바로 그 짧은 틈에서 비난의 문장 대신 관찰의 문장이 다시 떠오를 수 있다. 멈춤은 소극적인 태도가 아니라 관계를 지키면서도 필요한 말을 놓치지 않기 위한 적극적인 선택이다. 관계를 무너뜨리는 말은 너무 강해서 생기는 것보다, 너무 빨라서 생기는 경우가 많다. 멈춤은 말을 아끼기 위한 기술이 아니라, 비난 대신 더 나은 첫 문장을 고르기 위한 준비이다.

비판은 거의 언제나 즉각적이다. 반면 관찰은 잠깐의 여유를 필요로 한다. 눈앞의 장면을 다시 보고, 사람이 아니라 사실을 먼저 붙잡아야 하기 때문이다. 관계를 바꾸는 것은 더 강한 말이 아니다. 먼저 멈추고, 첫 문장을 비판이 아니라 관찰로 바꾸는 일. 변화는 거기서부터 시작된다.

자동화된 시대일수록
아날로그적 진심이 통한다

Dale Carnegie

구체적 근거가 담긴 인정이 진심을 증명한다

◇ 과잉 칭찬의 시대, 칭찬이 의심받는 이유

스마트폰을 열면 하루에도 수십 개의 좋아요와 하트가 쏟아진다. 업무용 메신저에서는 "최고에요", "역시 팀장님이십니다" 같은 반응이 습관처럼 오가고, 이제는 AI가 몇 번의 입력만으로 그럴듯한 칭찬 이메일까지 대신 써준다. 좋은 말을 만드는 일은 쉬워졌지만 그 때문에 사람들은 칭찬의 표현보다 그 안에 실제 마음이 들어 있는지를 더 예민하게 살피게 되었다.

카네기는 이 차이를 분명하게 구분했다. *"Flattery is counterfeit, and like counterfeit money, it will eventually get you into trouble if you pass it to someone else."* 아첨은 위조지폐와 같아서 문제를 일으킨다는 뜻이다. 반면 진심 어린 인정은 사람을 움직인다. 둘 다 좋은 말처럼 들릴 수 있지만, 하나는 상대를 제대로 본 뒤에 나오는 말이고, 다른 하나는 관계를 매끄럽게 만들기 위해 덧붙이는 말이다.

사람은 상대가 나를 제대로 보지 않은 채 익숙한 칭찬 문장만 꺼냈는지, 아니면 내 행동과 태도를 실제로 살핀 뒤 말을 건넸는지를 금세 느낀다. 맥락 없는 칭찬은 감동보다 의심을 먼저 부를 수 있는데, 지나치게 매끄러운 말일수록 오히려 호의보다 의도를 의심하게 만들기도 한다.

"오늘 발표 정말 좋았다"라는 말만 던지면 상대는 잠시 웃고 지나갈 수 있지만 무엇이 좋았는지가 빠져 있으면 그 말은 금세 흩어지게 된다. 아이에게 "잘했다"만 반복하면 어느 순간부터는 그 말이 습관처럼 들린다. 배우자에게 "당신은 참 배려심이 많다"라고 말해도, 어떤 장면을 보고 그렇게 느꼈는지가 없으면 깊이 남기 어렵다. 칭찬이 힘을 갖는 순간은 좋은 말을 들었을 때가 아니라, 나를 대충 본 것이 아니라는 확신이 들 때이다.

칭찬의 진심을 가르는 것은 표현의 화려함이 아니며, 얼마나 좋은 어휘를 썼는지보다, 무엇을 보고 그 말을 하게 되었는지가 더 중요하다. 결과만이 아니라 과정, 태도, 배려 가운데 무엇을 보았는지가 드러날 때 칭찬은 힘을 갖는다. 인정은 단순한 기분 좋은 말이 아니라 "나를 제대로 보고 있구나"라는 신뢰로 이어진다.

카네기는 또 이렇게 말했다. *"Be hearty in your approbation and lavish in your praise."* 인정은 아끼지 말고 칭찬은 아낌없

이 하라는 뜻이다. 그러나 그 전제는 분명하다. 빈말을 많이 하라는 뜻이 아니라, 상대를 제대로 본 뒤 인정하라는 뜻이다. 사람의 마음을 여는 칭찬은 구체적이어야 하며, 관찰의 흔적이 남아 있을 때, 그 말은 비로소 진심으로 받아들여진다.

◇ 관찰 기반 인정 3종: 과정·태도·배려를 알아보는 법

사람은 어떤 인정에서 진심을 느끼는가? 대부분 그 출발점은 결과보다 먼저, 그 사람이 지나온 과정과 태도, 그리고 드러나지 않았던 배려를 알아보는 데 있다. 평가는 드러난 결과를 말하지만, 인정은 그 결과에 이르기까지의 흔적을 함께 본다. 관찰에 기반한 인정에는 세 가지 포인트가 있다. 과정, 태도, 배려이다. 막연하게 "잘했다"라고 말하는 대신, 무엇을 보고 그렇게 느꼈는지를 짚어 줄 때 인정은 깊어진다.

첫째는 과정이다. 좋은 결과 뒤에는 반복된 수정과 시행착오가 있지만, 결과만 놓고 보면 그 시간은 쉽게 지워지게 된다. 하지만 누군가 그 과정 자체를 알아봐 주면 사람은 자신의 수고가 헛되지 않았다는 안도감을 느낀다. "어제 늦게까지 남아서 데이터를 다시 정리하는 걸 봤습니다. 끝까지 붙드는 힘이 인상적이었어요." 이 말은 성과 이전의 수고를 알아본 흔적을 남긴다.

둘째는 태도이다. 사람의 진짜 인성은 일이 잘 풀릴 때보다 꼬였을 때 드러나는 경우가 많다. 당황하지 않고 중심을 잡는 태도, 감정에 휩쓸리지 않고 대안을 찾으려는 자세, 남 탓으로 흐르지 않으려는 태도는 숫자로 잘 드러나지 않지만 오래 기억된다. "상황이 꼬였는데도 먼저 정리하려는 태도가 인상적이네요." 이 말은 능력만이 아니라 사람의 중심을 봐주었다는 뜻이 된다.

셋째는 배려이다. 관계 안에는 눈에 잘 띄지 않지만 누군가를 위해 조용히 해두는 일이 많다. 발표 자료를 더 보기 쉽게 다듬는 일, 질문이 들어오기 전에 미리 설명을 덧붙이는 일, 다른 사람이 놓칠 불편을 먼저 챙기는 일 같은 것들이다. 이런 행동은 당연한 일처럼 지나가지만, 정확히 발견해 말해주면 오래 남는다. "뒷자리에서도 잘 보이도록 폰트 크기까지 따로 조정한 걸 봤어요." 이 한마디에는 '당신의 작은 배려를 놓치지 않았다'는 메시지가 담겨있다.

카네기는 사람의 마음을 움직이는 비결로 상대가 중요하게 여기는 것을 진심으로 알아보는 태도를 강조했다. 사람은 누구나 인정받고 싶어 한다. 다만 인정은 막연할수록 약해지고, 구체적일수록 오래 남는다. 진심은 표현의 화려함보다 관찰의 구체성에서 드러난다. 도구는 보조적으로 누가 꾸준히 수정에 참여했는지, 누가 빠르게 반응했는지 같은 흔적을 확인하는 데는 도움을 줄 수 있다. 그러나 그런 정보만으로 인정이 완성되지는 않는다. 기록은 단서를 줄 뿐이고, 거기에 의미를 부여해 건네는 일은 사람의 몫이다. 사람은 결과만 인정받고 싶어 하는 것이 아니다. 그 결과에 이르기까지 지나온 시간과 태도, 그리고 아무도 보지 않는다고 생각했던 배려까지 누군가 알아봐 주기를 바란다. 그래서 관찰에 근거한 인정은 오래 남는다.

◇ AI는 문장을 돕고, 진심의 근거는 내가 넣는다

오피스 환경에서 감사나 격려의 메시지를 쓰는 일은 예전보다 훨씬 쉬워졌다. 생성형 AI에게 고생한 팀원을 위해 따뜻한 격려 메일을 써달라고 입력하면, 몇 초 만에 매끄럽고 정중한 문장이 완성된다. 그렇지만 그렇게 만들어진 문장이 늘 사람의 마음을 움직이는 것은 아니며, 너무 그럴듯할수록 어디선가 복사해온 말 같다는 느낌만 남길 때도 있다. 문장은 매끄럽지만, 그 사람에게만 해당되는 근거가 빠져 있기 때문이다. 진심은 문장의 완성도만으로 전달되지 않는다. 아무리 좋은 어휘를 써도 내가 실제로 본 장면이 들어 있지 않으면 말은 허공에 뜨게 된다. 반대로 표현은 조금 서툴러도 '내가 무엇을 보았는지'가 분명히 담겨 있으면 상대는 그 문장을 다르게 받아들인다.

문장을 매끄럽게 다듬고, 정중한 톤을 맞추고, 전체 흐름을 정리하는 일은 AI의 도움을 받을 수 있다. 하지만 그 안에 들어갈 핵심 내용들은 내가 직접 넣어야 한다. 내가 실제로 본 행동, 기억에 남은 장면, 그 사람이 보여준 과정이나 태도, 그리고 왜 그 일이 고마웠는지에 대한 판단까지 대신 써줄 수 없기 때문이다. 진심은 관찰에서 나오고, AI는 그 관찰이 더 잘 전달되게 다듬는 도구에 가깝다. 중요한 것은 "칭찬 메일을 써달라"고 막연하게 요청하는 일이 아니다. 먼저 내가 관찰한 근거를 분명히 정리한 뒤, 그것을 바탕으로 문장을 함께 다듬는 방식이 더 효과적이다. 지난주 파트너사 이슈가 생겼을 때 먼저 데이터를 다시 정리했고, 회의에서도 차분하게 대안을 제시했다는 사실을 넣고, 감사의 마음이 드러나되 과장되지 않은 톤으로 써달라고 요청하면 결과는 훨씬 달라진다. "이번 프로젝트에서 보여준 헌신에 깊이 감사드린다"라는 문장은 예의바르고 정중하다. 반면 "지난주 파트너사 이슈로 다들 예민했을 때 먼저 데이터를 다시 정리해주었고, 회의에서도 차분하게 대안을 정리해주어서 큰 도움이 되었다"라고 쓰면 상대는 그 말이 자신의 구체적인 행동을 향하고 있다는 것을 곧바로 느끼게 된다. 마음을 움직이는 것은 바로 이런 차이이다.

카네기는 『인간관계론』에서 사람을 움직이는 강력한 원리로 **"정직하고 진심 어린 감사를 표현하라"는 점을 강조한다.** *"Give honest and sincere appreciation."* 핵심은 정직함과 진심이다. 누구나 매끄러운 문장을 빠르게 만들 수 있는 시대일수록, 사람들은 그 문장 뒤에 실제 관찰과 시간이 들어 있는지를 더 예민하게 살핀다. 문장은 AI가 다듬을 수 있지만, 근거는 내가 넣어야 한다. 내가 본 장면이 없는 칭찬은 누구에게나 붙일 수 있는 말이 되기 쉽다. 진심이 보이는 글은 문장이 화려해서가 아니라, 그 안에 "당신을 이렇게 보았다"는 흔적이 남아 있기 때문이다.

— 제 3 장 —

숨은 욕구를 깨우는
질문의 힘

부담과 두려움을 읽는 질문이 자발성을 연다

◇ 욕구는 정보가 아니라 결핍·두려움·자부심으로 드러난다

누군가 "다이어트를 해야겠다"라고 말할 때, 그 말은 단순한 정보처럼 들린다. 하지만 사람의 말은 언제나 표면의 뜻만으로 움직이지 않는다. 건강이 걱정되어서일 수도 있고, 중요한 자리를 앞두고 더 나은 모습으로 보이고 싶어서일 수도 있으며, 무너진 생활 리듬을 다시 붙잡고 싶어서일 수도 있다. 같은 말이라도 그 안에 담긴 마음은 전혀 다를 수 있다. 사람을 이해하려면 말 자체보다, 그 말 뒤에 어떤 욕구가 숨어 있는지를 먼저 읽어야 한다.

데일 카네기는 사람을 움직이려면 먼저 상대가 원하는 것을 보아야 한다고 말했다. *"The only way on earth to influence other people is to talk about what they want and show them how to get it."* 상대가 원하는 것이 무엇인지 말하고, 그것을 얻는 길을 보여주는 것만이 사람을 움직이는 길이라는 뜻이다. 이 말은 사람은 논리만으로 설득되지 않는다는 뜻이기도 하다.

지금처럼 텍스트 중심의 소통이 많아질수록 사람들은 자신의 진짜 마음을 더 직접적으로 드러내지 않는다. 감정은 감춘 채 업무 용어나 논리적 불만처럼 포장해 말하는 경우가 많다. 겉으로 드러난 문장만 붙잡고 대응하면 대화는 쉽게 엇나간다. 누군가 "이 새로운 업무 프로세스는 비효율적인 것 같습니다"라고 말했을 때 겉으로는 효율성의 문제처럼 들리지만, 실제로는 전혀 다른 마음이 들어 있을 수 있다. 익숙한 방식이 무너질지 모른다는 불안일 수도 있고, 지금까지 해온 방식이 무시당했다는 자존심의 문제일 수도 있으며, 이미 감당하고 있는 일만으로도 버거운데 또 다른 부담이 얹힌다는 신호일 수도 있다. 사람의 욕구는 정보의 형태로 드러나지 않는다. 오히려 결핍, 두려움, 자부심 같은 감정의 모양으로 나타나는 경우가 더 많다.

첫째는 결핍이다. 사람은 자신이 충분히 인정받지 못하거나 영향력이 줄어들고 있다고 느낄 때 민감하게 반응한다. 회의 때마다 유난히 사소한 부분까지 문제를 제기하는 사람이 있다면, 그것은 단순한 논리의 문제가 아니라 "내 존재감도 봐달라"는 신호일 수 있다. 겉으로는 반대처럼 보여도, 안쪽에서는 알아봐 달라는 마음이 움직이고 있는 경우가 적지 않다.

둘째는 두려움이다. 반박이 강할수록 그 안에 불안이 숨어 있는 경우가 많다. 새로운 도구나 방식이 도입될 때 유독 거센 저항이 나오는 이유도 여기에 있다. 겉으로는 기술적 문제를 말하지만, 실제로는 익숙한 방식이 무너질지 모른다는 두려움, 내가 해오던 역할이 줄어들지 모른다는 불안이 작동하고 있을 수 있다. 사람은 두려울수록 더 냉정하고 단단한 논리로 자신을 지키려 한다.

셋째는 자부심이다. 사람은 누구나 자신이 중요하게 다뤄지기를 바라고, 자신의 경험과 전문성이 존중받기를 원한다. 같은 요청도 체면을 세워주며 건네면 받아들이고, 무시당했다고 느끼면 강하게 반발한다. 겉으로는 사소한 말다툼처럼 보여도, 그 안에서는 "나를 어떻게 보는가"가 걸려 있는 경우가 많다. 자부심은 조용하지만 가장 강하게 작동하는 동기이다.

이 때문에 대화가 막힐 때는 상대가 한 말의 표면만 분석하기보다, 그 말이 어떤 결핍과 두려움, 자부심에서 나왔는지 가설을 세워볼 필요가 있다. 대화의 방향도 달라지게 되는데 반박할 근거를 찾는 대신, 무엇이 이 사람을 이렇게 예민하게 만드는지를 보게 되기 때문이다. 필요하다면 AI를 보조 도구로 활용해 생각의 폭을 넓혀볼 수도 있다. 다만 중요한 것은 AI가 상대의 마음을 정확히 파악했다고 믿는것보다 내가 놓치고 있는 가능성을 점검하는 데 도움을 받는다는 정도가 더 적절하다. 동기를 읽는 일은 데이터만으로 끝나지 않는다. 상대가 처한 맥락을 보고, 말 뒤에 숨어 있는 감정을 짐작하는 일은 여전히 사람의 몫이다.

상대를 억지로 끌고 가기보다 스스로 움직이게 만들고 싶다면,

먼저 그 사람이 왜 멈추고 있는지를 살펴야 한다. 표면의 정보만 다루면 대화는 쉽게 막히지만, 그 뒤에 있는 결핍과 두려움, 자부심을 읽기 시작하면 접근 방식이 달라진다. 질문은 그 다음에 나온다. 먼저 필요한 것은 질문 전에 읽어야 할 마음의 구조를 알아보는 일이다.

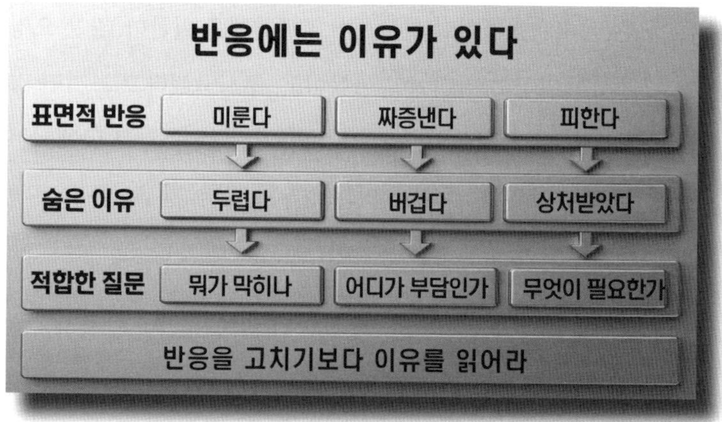

◇ 동기를 읽어내는 다섯 가지 관찰 스위치

사람을 움직이려 할 때 우리는 자주 한 가지 착각을 한다. 내가 원하는 바를 논리적으로 잘 설명하면 상대도 자연스럽게 따라올 것이라고 믿는 것이다. 하지만 실제 대화에서는 논리보다 맥락이 먼저 작동하는 경우가 많다. 데일 카네기가 말했듯, 사람을 움직이려면 먼저 상대가 무엇을 원하는지부터 살펴야 한다.

"Arouse in the other person an eager want." 상대 안에 간

절한 욕구를 일으키라는 뜻이다. 문제는 그 욕구가 겉으로 바로 드러나지 않는다는 데 있다. "바빠서 어렵습니다", "규정상 안 됩니다" 같은 말 뒤에는 감정적인 저항선이 함께 숨어 있다. 대화할 때는 몇 가지 관찰 기준을 머릿속에 켜둘 필요가 있다. 이 기준은 상대에게 직접 던지는 질문이기보다, 내가 먼저 스스로에게 던져 보아야 하는 내면의 질문에 가깝다. 지금 이 사람이 왜 이렇게 반응하는지, 어떤 지점에서 멈칫하고 있는지, 무엇이 이 대화를 어렵게 만드는지를 읽어내기 위한 틀이다.

첫 번째 스위치는 무엇이 부담인가이다. 상대가 유난히 미적거리거나 방어적으로 반응한다면, 먼저 그 일이 얼마나 무겁게 느껴지는지를 살펴야 한다. 사람은 능력이 부족해서 주저하지 않는다. 어디서부터 손을 대야 할지 막막하거나, 지금 감당할 수 있는 에너지보다 일이 더 크게 느껴질 때도 쉽게 뒤로 물러선다.

두 번째 스위치는 무엇이 두려운가이다. 새로운 제안이나 변화에 유독 강하게 저항하는 사람을 보면, 그 안에는 종종 두려움이 작동하고 있다. 실패했을 때 책임을 떠안을까 걱정되거나, 익숙하게 쌓아온 방식과 역할이 흔들릴까 불안한 것이다. 겉으로 드러난 반대 논리만 붙잡고 맞서면 대화는 더 단단하게 꼬인다. 무엇보다 먼저 이 사람이 잃을까 두려워하는 것이 무엇인지 봐야 한다.

세 번째 스위치는 어디서 자존심이 상하는가이다. 논리적으로는 괜찮은 제안인데도 상대가 유난히 차갑게 반응한다면, 내용보다 형식에서 자존심이 건드려졌을 가능성을 의심해볼 필요가 있다. 사람은 자신의 전문성이 무시당했다고 느끼거나, 중요한 과정에서 배제되었다고 느끼는 순간 강하게 반발한다. 그럴 때는 말의 내용만 보지 말고, 체면과 역할이 어디서 흔들렸는지를 함께 봐야 한다.

네 번째 스위치는 무엇이 손해처럼 느껴지는가이다. 상대가 유난히 조건과 규칙을 따지며 계산적으로 보인다면, 그 안에는 손실감이 깔려 있을 수 있다. 사람은 이익을 얻는 일보다 손해를 피하는 일에 더 민감하게 반응한다. 시간과 노력을 들이는데 돌아오는 인정이나 보상이 보이지 않으면 누구라도 쉽게 움직이기 어렵다. 겉으로는 계산처럼 보여도, 실제로는 손해 보고 싶지 않다는 방어일 수 있다.

다섯 번째 스위치는 무엇이 지금 가장 우선인가이다. 나에게는 중요한 프로젝트가 상대에게는 가장 급한 일이 아닐 수 있다. 대화가 자꾸 엇갈리는 이유는 의견 차이보다 우선순위 차이인 경우도 많다. 이럴 때는 내 요청을 밀어붙이기보다, 상대가 지금 가장 크게 신경 쓰는 일이 무엇인지부터 살펴야 한다. 우선순위가 다르면 같은 말도 전혀 다르게 들린다.

이 다섯 가지 관찰 스위치는 설득의 기술이 아니라 해석의 틀이다. 말만 들으면 반대처럼 보이던 반응도, 부담과 두려움, 자존심, 손실감, 우선순위를 함께 보기 시작하면 전혀 다르게 읽힌다. 중요한 것은 내가 어떤 말을 더 잘할 수 있느냐가 아니라, 내가 지금 무엇을 놓치고 있었느냐이다. 필요하다면 AI를 보조 훈련 도구로 활용해볼 수도 있다. 실제 대화에 들어가기 전, 상대의 역할과 상황을 가정해보며 어떤 저항이 나올 수 있을지 미리 시뮬레이션해 보는 식이다. 중요한 것은 내가 놓치고 있는 맥락이 없는지 점검하고, 관점의 폭을 넓히는 정도의 활용이 적절하다. 영향력은 내 말을 더 강하게 밀어붙이는 데서 나오지 않는다. 상대가 왜 멈추는지를 먼저 읽는 데서 시작된다. 자발성을 이끌어내는 대화는 설득의 기술이라기보다, 맥락을 읽어내는 관찰력에 더 가깝다.

◇ 해결책을 서두르지 말고, 동기를 읽은 뒤 질문하라

문제가 생기면 우리는 쉽게 해결책부터 떠올린다. 특히 AI를 자주 쓰는 환경에 익숙해질수록 이런 경향은 더 강해진다. 질문을 던지면 곧바로 답이 나오고, 더 효율적인 방법이 있으면 바로 제시받는 흐름에 익숙해지기 때문이다. 그러다 보니 사람과 대화할 때도 무의식중에 같은 방식으로 반응하게 된다. 상대가 어려움을 말하면 끝까지 듣기도 전에 해결책을 내놓고, 반대가 나오면 곧바로 더 논리적인 대안을 제시하려 한다.

사람 사이에서는 빠른 해결책이 언제나 좋은 답이 되지는 않는다. 상대의 부담과 두려움, 자부심을 건너뛴 제안은 쉽게 저항을 부른다. 그래서 먼저 필요한 것은 답을 내놓는 것보다, 왜 이 사람이 멈추고 있는지를 읽어내는 일이다. 앞에서 살펴본 것처럼 결핍과 두려움, 자부심이 어느 정도 보이기 시작하면 그 다음에 던지는 말도 달라져야 한다. 여기서 중요한 것은 질문 기술 자체가 아니다. 질문은 어디까지나 해석의 결과여야 한다는 점이다.

아이가 공부를 미루고 있을 때도 마찬가지이다. 겉으로는 게으름처럼 보여도, 실제로는 부담이 크거나 실패가 두려워 멈춰 있을 수 있다. 그 차이를 읽어내지 못하면 말은 쉽게 명령이 되지만, 먼저 무엇이 걸려 있는지를 읽어내면 질문의 방향도 달라진다.

사람을 움직이는 대화는 해결책의 완성도만으로 결정되지 않는다. 상대가 왜 멈추는지 읽지 못한 채 논리만 앞세우면 설득은 자주 막히게 된다. 반대로 그 마음을 먼저 읽어낸 뒤에 던지는 말은 전혀 다른 힘을 갖는다. 사람은 표면적인 정보보다 그 뒤에 있는 결핍과 두려움, 자부심에 더 크게 반응하기 때문이다. 질문은 해석의 결과이다. 상대가 무엇을 두려워하는지, 어디서 자존심이 상하는지, 무엇이 부담인지 읽어낸 뒤에야 질문은 사람을 움직이는 힘을 갖게 된다.

【 1부를 지나며 】

사람을 움직이려면 먼저 사람을 몰아붙이지 않는 법부터 알아야 한다. 1부는 바로 그 출발점을 다룬다. 비판은 상대를 바꾸기 전에 먼저 움츠러들게 하고, 근거 없는 칭찬은 순간의 기분은 살릴 수 있어도 오래 남는 신뢰를 만들지 못한다. 반면 눈에 보이는 사실에서 시작한 말, 실제 장면을 바탕으로 건넨 인정, 겉으로 드러난 반응 뒤의 이유를 살피는 질문은 대화의 방향을 다르게 만든다. 결국 관계의 첫 단추는 내 말을 관철하는 데 있지 않다. 상대가 방어부터 하지 않도록 대화의 자리를 바꾸는 데 있다.

1부에서 기억할 원칙

✓ 비판보다 먼저 사실을 보아야 한다.

✓ 좋은 말보다 근거 있는 인정이 더 오래 남는다.

✓ 겉으로 드러난 반응만 보면 사람을 놓치기 쉽다.

✓ 이해는 설득보다 먼저 와야 한다.

2부 :

사람의 마음을 얻는 여섯 가지 방법

◆ ◆ ◆ ◆ ◆

1부에서는 비판을 멈추고 관찰로 다가가는 법, 그리고 기계가 자동화할 수 없는 진심 어린 인정과 상대의 숨은 욕구를 읽어내는 관계의 기본 원리를 다루었다. 이렇게 다져진 기본기는 굳게 닫힌 상대의 마음을 여는 든든한 바탕이 된다.

이제 2부에서는 이 바탕 위에서 상대의 온전한 호감을 얻는 여섯 가지 구체적인 방법을 살펴본다. 스마트폰 알림이 쏟아지는 환경 속에서 어떻게 온전한 집중을 전할 수 있는지, 차갑게 식기 쉬운 텍스트 대화에 어떻게 온도를 불어넣을 수 있는지, 그리고 말보다 더 강력한 행동의 신호인 존중을 일상에서 어떻게 실천할 수 있는지를 따라간다. 디지털 시대의 진정한 호감은 화려한 말재주가 아니라, 상대를 기능이나 역할로 두지 않고 고유한 사연을 가진 한 사람으로 대하는 섬세한 태도에서 완성된다.

제 4 장

말재주보다
온전한 존재감에 집중하라

Dale Carnegie

호감은 말재주보다
온전한 존재감에서 시작된다

◇ 보고 있으나 보지 않는 대화가 늘어난 이유

요즘은 사람과 함께 있으면서도 끝까지 함께 있지 못하는 장면이 너무 흔하다. 식탁에서는 가족의 이야기를 들으면서도 손이 휴대폰으로 향하고, 카페에서는 친구와 마주 앉아 있으면서도 알림이 울릴 때마다 화면으로 시선을 뺏긴다. 회의실에서는 발표를 들으며 동시에 메일을 처리하고, 손목에서 울리는 진동에 반사적으로 주의를 빼앗긴다. 입으로는 "듣고 있다"라고 말하지만, 실제로는 시선과 주의가 여러 곳으로 흩어져 있는 경우가 많다. 우리는 이것을 효율이라고 부르지만, 관계의 관점에서 보면 상대를 보고 있으나 온전히 보지 않는 상태에 가깝다.

이런 대화가 낯설지 않게 된 데에는 지금의 디지털 환경이 크게 작용한다. 우리는 늘 여러 개의 창을 동시에 띄워두고, 하나의 일을 하면서도 다른 알림에 곧바로 반응하는 데 익숙해져 있다.

기계와 상호작용할 때는 이런 방식이 크게 문제되지 않는다. 내가 잠깐 다른 일을 본다고 해서 화면 너머의 도구가 서운해하지는 않기 때문이다. 하지만 이 습관이 사람과의 대화 안으로 그대로 들어오면 이야기가 달라진다. 사람은 기계와 다르게, 상대의 관심이 어디에 머물고 있는지를 아주 민감하게 느낀다. 대화 중 잠깐 시선을 돌리는 순간, 상대는 그 짧은 공백을 의외로 정확하게 알아차린다. 내 입장에서는 몇 초일 뿐이지만, 말하는 사람에게는 그 몇 초가 "지금 내 말보다 더 중요한 것이 따로 있구나"라는 감각으로 남기도 한다. 관계는 큰 무례함보다 이런 작은 공백에서 먼저 식기 시작한다.

데일 카네기는 사람의 호감을 얻는 가장 단순하고도 확실한 원칙으로 상대에게 진심으로 관심을 가지라고 말했다. 이 말은 질문을 많이 하라는 기술적 조언에 머물지 않는다. 내 시간과 주의를 상대에게 얼마나 온전히 건네고 있는가의 문제라 볼 수 있다. 말재주가 조금 부족해도, 지금 이 순간만큼은 당신에게 집중하고 있다는 느낌을 주는 사람에게 우리는 쉽게 마음을 연다. 반대로 아무리 좋은 말을 해도 시선이 자꾸 흐트러지고 관심이 분산된다고 느껴지면, 관계는 점점 금가게 된다. 아이는 부모가 자기 이야기를 들으면서도 화면을 보는 순간 표정을 닫고, 친구는 맞장구를 치면서도 눈이 자꾸 다른 곳으로 향하는 사람 앞에서 말을 줄이게 된다. 직장에서도 마찬가지이다. 설명은 길게 하는데 정작 내 말을 제대로 듣고 있지 않다는 느낌이 들면 신뢰는 쉽게 생기지 않는다.

정보가 넘치는 시대일수록 오히려 더 필요한 것은 온전한 집중이다. 누구나 빠르게 반응하며 여러 일을 동시에 처리하려 애쓰지만, 정작 사람은 그런 능숙함보다 지금 내 앞에 있는 나에게 얼마나 집중하고 있는지를 더 오래 기억한다. 호감은 화려한 표현에서 나오기보다, 눈앞의 사람에게 기꺼이 시간을 내어주는 태도에서 생긴다. 보고 있으나 보지 않는 대화가 많아진 시대일수록, 온전히 존재해 주는 사람은 그 자체로 더 선명하게 남는다.

◇ 존재감을 만드는 세 가지 요소: 시선·반응·기억

분산된 주의력은 관계의 밀도를 눈에 띄게 떨어뜨린다. 그렇다면 알림과 자극이 끊이지 않는 환경 속에서, 상대에게 "나는 지금 당신에게 집중하고 있다"는 느낌을 어떻게 전달할 수 있을까? 마음속으로 관심이 있다고 생각하는 것만으로는 충분하지 않다. 존재감은 상대가 실제로 느낄 수 있는 방식으로 드러나야 한다. 그때 중요한 것이 시선, 반응, 기억이다.

첫째는 시선이다. 시선은 가장 먼저 전달되는 관심의 신호이다. 사람은 말의 내용보다도, 내 앞의 사람이 지금 어디를 보고 있는지에 아주 민감하게 반응한다. 상대가 말을 시작할 때는 단순히 얼굴만 돌리는 것보다 몸의 방향까지 자연스럽게 맞추는 편이 좋다. 눈을 지나치게 빤히 바라보라는 뜻은 아니다. 다만 상대의 표정과 반응 변화를 따라가고 있다는 느낌이 전해질 정도로 시선을 안정적으로 두는 것이 중요하다. 알림보다 지금 내 앞의 사람이 더 중요하다는 메시지는 말보다 이런 태도에서 먼저 전달된다.

둘째는 반응이다. 존재감은 가만히 듣는 자세만으로 완성되지 않는다. 상대의 이야기에 내가 어떻게 반응하고 있는지도 중요하다. "그랬구나.", "어떻게 됐나.", "많이 당황했겠다." 같은 짧은 반응만으로도 대화의 온도는 달라진다. 이런 반응은 단순한 맞장구가 아니다. 지금 나는 다음에 할 말을 준비하는 것이 아니라, 당신의 이야기를 따라가고 있다는 신호에 가깝다. 사람은 자기 말이 허공에 떠 있지 않고 상대에게 도달했다고 느낄 때 훨씬 덜 경계하게 된다.

셋째는 기억이다. 여기서 말하는 기억은 깊고 긴 서사를 오래 붙드는 능력이라기보다, 방금 들은 말을 흘리지 않았다는 짧은 증거에 가깝다. 상대가 조금 전에 말한 핵심을 다시 받아주는 정도면 충분하다. "아까 말한 A업체 건을 생각해보면…"하고 이어주거나, "지금 핵심은 일정이 아니라 인력 부담이라는 말이지요?"라고 짚어주는 식이다. 사람은 자기 말이 허공으로 사라지지 않고 상대 안에 남아 다시 돌아올 때 "이 사람이 내 말을 흘려듣지 않았구나"라는 확신을 갖는다.

카네기는 사람의 이름과 사소한 관심사를 기억하는 일이 관계를 깊게 만든다고 보았다. 그러나 여기서 중요한 것은 오래 기억하는 기술 자체가 아니다. 더 중요한 것은 지금 이 순간 내가 당신에게 실제로 집중하고 있었기 때문에, 방금 한 말이 다시 돌아온다는 감각이다. 시선이 지금의 집중을 보여주고, 반응이 그 집중의 흐름을 만들며, 기억은 그 몰입이 실제였다는 짧은 증거를 남긴다. 시선, 반응, 기억은 특별한 재능이 아니라 관심을 바깥으로 드러내는 방식이다. 다만 늘 여러 자극에 노출된 환경에서는 이런 기본적인 행동조차 의식적인 노력이 필요해진다. 오히려 더 큰 차이를 만들기도 하는데 사람은 자신을 화려하게 말해주는 사람보다, 자신 앞에 온전히 있어주는 사람을 더 오래 기억한다.

◇ 손과 눈과 귀로 만드는 1분 집중 루틴

하루 종일 업무를 처리해야 하는 사무실 환경에서 누군가에게 긴 시간을 온전히 집중하기는 쉽지 않다. 집에서도 사정은 크게 다르지 않다. 식탁 옆에는 휴대폰이 놓여 있고, 머릿속에는 처리하지 못한 일들이 남아 있다. 매번 사람에게 그렇게까지 몰입할 수 있느냐는 생각이 드는 것도 자연스럽다. 하지만 관계의 밀도는 꼭 긴 시간에서만 생기지 않는다. 오히려 대화가 시작되는 첫 1분이 어떻게 쓰이느냐에 따라 상대가 느끼는 인상은 크게 달라질 수 있다. 중요한 것은 오래 붙잡아두는 시간이 아니라, 짧은 순간이라도 내가 지금 이 사람에게 집중하고 있다는 신호를 분명하게 보내는 일이다. 그때 도움이 되는 것이 손·눈·귀 1분 집중 루틴이다. 누군가 내 자리로 와서 말을 걸거나, 회의실에서 이야기를 꺼내거나, 아이가 학교 이야기를 시작할 때 이 세 가지를 짧게 의식해보자.

첫째는 손이다. 가장 먼저 할 일은 하던 일을 잠시 멈추는 것이다. 키보드에서 손을 떼고, 마우스를 놓고, 손에 들고 있던 스마트폰이 있다면 내려놓는다. 중요한 것은 내가 지금 다른 것과 연결되어 있던 흐름을 잠시 끊었다는 사실이 몸짓으로 보이게 만드는 것이다. 상대는 이런 작은 동작에서 생각보다 큰 존중을 느낀다. 말보다 먼저 전달되는 것은 이런 태도이다.

둘째는 눈이다. 손을 멈췄다면, 다음은 시선과 몸의 방향이다. 모니터를 향한 채 고개만 돌려 "말해보라"라고 하는 것과, 몸을 자연스럽게 상대 쪽으로 돌려 바라보는 것은 전혀 다르게 느껴진다. 짧은 보고를 듣는 순간에도 시선이 안정적으로 머물고 몸의 방향이 열려 있으면, 상대는 자신이 형식적으로 소비되는 것이 아니라 실제로 받아들여지고 있다고 느낀다. 존재감은 이런 방향의 전환에서 시작된다.

셋째는 귀이다. 마지막은 들은 내용을 짧게 되받아주는 것이다. 여기서 말하는 되받아주기는 깊은 상담식 경청이 아니라, "지금 당신의 말을 제대로 들었다"는 확인에 가깝다. "A업체 계약 건 때문에 왔다"라고 말하면 "A업체 계약건인가요? 어떤 부분이 막혔습니까?"하고 핵심을 한 번 짚어주는 식이다. 아이가 "오늘 학교에서 좀 속상한 일이 있었어"라고 말하면 "학교에서 속상한 일이 있었구나. 무슨 일이었니?"하고 다시 받아주는 것이다. 내 입을 통해 상대의 말이 다시 돌아오는 순간, 상대는 자신의 말이 흘러가지 않았다고 느낀다. 그 짧은 확인이 이후의 대화를 훨씬 편하게 만든다.

손, 눈, 귀. 이 세 가지는 특별한 기술이라기보다, 몰입을 바깥으로 드러내는 가장 기본적인 행동에 가깝다. 다만 늘 여러 자극 속에서 살아가는 환경에서는 이런 기본조차 쉽게 무너지기 때문에, 오히려 의식적으로 해볼 가치가 있다. 바쁜 와중에도 하던 일을 잠시 멈추고, 몸을 돌려 상대를 바라보고, 들은 말을 짧게 되받아주는 사람은 생각보다 강한 인상을 남긴다.

데일 카네기는 이렇게 말했다. *"You can make more friends in two months by becoming interested in other people than you can in two years by trying to get other people interested in you.*" 다른 사람에게 진심으로 관심을 보이는 사람은 두 달 만에도 친구를 얻지만, 자기에게만 관심이 쏠린 사람은 두 해가 지나도 친구를 얻기 어렵다는 뜻이다.

호감은 나를 잘 보여주는 데서만 생기지 않는다. 상대를 중요하게 다루는 태도에서 더 자주 생긴다. 사람은 누구나 자신이 중요한 사람으로 다뤄지기를 바란다. 모니터를 보며 건성으로 대답하는 사람보다, 짧은 순간이라도 하던 일을 멈추고 자신에게 집중해주는 사람에게 더 쉽게 마음이 간다. 호감은 긴 설명이나 화려한 말재주보다, "지금 이 순간 나는 당신에게 집중하고 있다"는 분명한 태도에서 시작된다. 1분의 집중이 관계의 깊이를 모두 결정하지는 않지만, 적어도 그 관계의 방향을 바꾸는 출발점은 될 수 있다.

제 5 장

짧은 텍스트일수록
따뜻한 온도를 부여하라

짧은 글일수록 차갑다, 완충·확인·배려로 온도를 남겨라

◇ 텍스트는 친절을 생략할수록 차갑게 들린다

우리의 업무와 일상은 이제 대부분 텍스트 위에서 굴러간다. 얼굴을 마주 보거나 전화를 걸기보다, 카카오톡, 이메일 창에 용건을 먼저 입력하는 일이 훨씬 많아졌다. 특히 빠르고 효율적인 소통에 익숙해질수록 사람들은 짧고 분명한 문장이 가장 좋은 문장이라고 여기기 쉽다. 그 결과 인사말이나 완충어나 부드러운 어미처럼 겉보기에 덜 급해 보이는 표현들은 자주 생략된다. 문제는 발신자의 의도와 수신자의 체감이 같지 않다는 데 있다. 보내는 사람은 단지 바빠서 핵심만 썼다고 생각하지만, 받는 사람은 그 짧은 문장을 전혀 다르게 읽을 수 있다. 표정도 없고 목소리도 없는 텍스트에서는 작은 완충 장치 하나가 빠지는 것만으로도 말의 온도가 크게 달라진다. 짧은 문장은 정확할 수는 있어도, 생각보다 차갑게 느껴진다.

"수정 부탁드립니다"라는 문장은 어떤 날에는 단순한 요청처럼 읽히지만 지쳐 있거나 긴장한 상태에서는 압박이나 불만처럼 느껴질 수도 있다. "어디야?"라는 짧은 메시지도 보내는 사람에게는 확인일 수 있지만, 받는 사람에게는 재촉처럼 들릴 수 있다. "나중에 이야기하자"라는 문장도 맥락이 없으면 거리감으로 읽힌다. 발신자는 중립적으로 썼다고 생각해도, 수신자는 그 문장에 자기 감정과 상황을 덧입혀 읽는다. 텍스트가 오해를 부르는 이유가 여기에 있다.

카네기는 사람을 대할 때 상대가 나를 향해 편안함과 호의를 느끼게 하는 태도를 강조했다. *"Become genuinely interested in other people."* 겉으로만 반응하지 말고, 상대에게 진심으로 관심을 가지라는 뜻이다. 텍스트는 목소리조차 없기 때문에, 이런 태도를 더 의식적으로 넣어야 한다. 말로 하면 무난하게 넘어갈 표현도 글로 옮기면 훨씬 딱딱하게 들릴 수 있기 때문이다. 텍스트에서는 친절이 선택이 아니라 오해를 줄이는 장치가 된다.

카네기의 원칙으로 바꾸어 말하면, 텍스트에서도 상대가 중요하게 다뤄지고 있다는 느낌을 남겨야 한다는 뜻이다. 짧게 써도 괜찮지만 날을 세우지 않는 감각이 필요하다. "이거 오늘까지 주세요"와 "가능하시다면 오늘 안으로 부탁드려도 될까요"는 전달하는 정보는 비슷하지만, 상대가 느끼는 압박의 결은 다르다. 차이는 작아 보이지만, 관계 안에서는 이런 작은 차이가 누적된다.

필요하다면 AI를 보조적으로 활용해 텍스트의 톤을 한 번 점검해볼 수도 있다. 중요한 메시지를 보내기 전에 "이 문장이 너무 업무 중심적으로 들리지는 않는가", "지친 사람이 읽으면 압박으로 느낄 요소가 있는가"정도를 확인해보는 것이다. 핵심은 내가 놓친 차가움을 한 번 더 살피는 데 있다. 사람에게 보내는 문장에서 온도를 조절하는 일은 여전히 보내는 사람의 감각에 달려 있다.

텍스트에서 친절을 덜어내는 일은 순간적으로는 효율적으로 보일 수 있다. 하지만 그로 인해 생긴 오해를 풀고 관계의 온도를 다시 맞추는 데는 더 많은 에너지가 든다. 짧고 분명하게 쓰는 것만으로는 충분하지 않다. 문장이 빠를수록, 오히려 그 안에 작은 완충과 확인, 배려를 함께 넣을 필요가 있다.

◇ 오해를 줄이는 세 가지 장치: 완충·확인·배려

텍스트 소통에서 오해를 줄이려면 문장을 보내기 전에 세 가지를 한 번 더 점검할 필요가 있다. 완충, 확인, 배려가 그것이다. 이것은 단순한 인사치레가 아니다. 글자만 남는 환경에서는 작은 표현 하나가 말의 온도를 크게 바꾸기 때문이다.

첫째는 완충이다. 텍스트는 직설적일수록 더 날카롭게 읽히기 쉽다. 특히 상대에게 무엇을 요청하거나, 수정이나 거절을 전달해야 할 때 더 그렇다. "이거 수정해 주세요"와 "번거로우시겠지만 이 부분만 한 번 더 봐주실 수 있을까요"는 정보 자체는 비슷하지만, 상대가 받는 압박의 결은 다르다. 완충어는 문장을 약하게 만드는 장치가 아니라, 상대의 방어를 줄이고 요청을 더 안전하게 전달하는 장치에 가깝다. '가능하시다면', '괜찮으시다면', '번거로우시겠지만', '~해주실 수 있을까요' 같은 표현은 텍스트 안에서 생각보다 큰 역할을 한다.

둘째는 확인이다. 텍스트에서는 내 표정도, 말투도 보이지 않기 때문에 단순한 질문조차 압박이나 질책처럼 읽히는 경우가 있다. "지난번 회의 때 말씀하신 자료, 지금 어디까지 되었나요?"라는 문장은 발신자에게는 단순한 확인일 수 있지만, 수신자에게는 "왜 아직 안 되었는가"라는 독촉처럼 들릴 수도 있다. 의도가 안전하다는 것을 짧게라도 밝혀주는 것이 중요하다. "재촉드리려는 뜻은 아니고, 오후 회의 전에 참고만 하려는 것입니다"처럼 한 줄만 덧붙여도 상대는 훨씬 덜 긴장한 상태에서 문장을 읽게 된다. 확인은 오해를 줄이는 가장 작은 안전장치이다.

셋째는 배려이다. 온도가 있는 텍스트는 상대가 처한 상황을 함께 고려한다. 용건만 던지는 대신, 지금 상대가 어떤 맥락에 놓여 있을지를 한 줄 정도 짚어주는 것이다. "월요일 아침이라 많이 바쁘실 텐데 확인 부탁드립니다"라는 문장은 내용 자체를 바꾸지는 않지만, 상대를 하나의 업무 처리 대상이 아니라 상황이 있는 사람으로 바라보고 있다는 느낌을 준다. "늦은 시간에 연락드려 죄송합니다", "지금 바로 답하지 않으셔도 괜찮습니다" 같은 문장도 마찬가지이다. 중요한 것은 상대의 피로도나 일정, 부담을 전혀 모른 척하고 있지는 않다는 신호를 주는 데 있다.

데일 카네기는 상대의 입장에서 생각하는 태도를 반복해서 강조했다. *"Try honestly to see things from the other person's point of view."* 상대의 관점에서 사물을 진심으로 보려 하라는 뜻이다. 텍스트에서 완충, 확인, 배려가 중요한 이유도 같다. 이 세 가지는 문장을 부드럽게 꾸미는 장식이 아니라, 상대의 입장에서 한 번 더 읽어보는 태도의 흔적이다. 사실만 던지고 맥락을 생략하면 문장은 빨라질 수 있어도 관계는 거칠어지기 쉽다.

텍스트 소통의 문제는 사실만 전달되고 맥락은 빠질 때 더 자주 발생한다. 완충은 말의 날을 조금 눕혀주고, 확인은 의도의 방향을 분명하게 해주며, 배려는 상대의 상황을 문장 안으로 다시 불러온다. 이 세 가지가 들어가면 같은 내용도 훨씬 덜 차갑고, 덜 공격적으로 전달된다. AI를 활용해 문장의 톤을 한 번 더 점검해볼 수도 있다. "이 문장이 너무 압박처럼 들리지는 않는가", "조금 더 협력적인 톤으로 바꿀 수 있는가" 정도로 내가 놓친 거친 표현이나 부족한 완충을 다시 확인하는 데 활용하는 것이다. 텍스트의 온도를 결정하는 것은 문장 뒤에 있는 사람의 감각이다. 중요한 것은 예쁘게 쓰는 기술이 아니며, 어디서 온도가 빠지는지를 알고, 그 지점에 완충·확인·배려를 다시 넣는 감각이다. 바쁠수록 오히려 이 세 가지를 의식해야 하는 이유가 여기에 있다.

◇ 짧지만 무례하지 않게 쓰는 법

무조건 길고 친절한 텍스트가 좋은 것은 아니다. 중요한 것은 짧게 쓰더라도 차갑게 들리지 않도록 조절하는 일이다. 같은 용건이라도 어떤 채널을 선택하고, 어떤 톤으로 건네느냐에 따라 상대가 받는 인상은 크게 달라진다. 텍스트 소통에서는 문장 자체만큼이나, 어디에 어떤 방식으로 남기느냐도 함께 중요해진다. 기본적으로는 이렇게 구분할 수 있다. 대면이나 화상은 감정이 섞이기 쉬운 이야기, 오해의 소지가 큰 피드백, 민감한 조율에 더 적합하다. 이메일은 기록이 필요하거나, 조금 더 정리된 설명과 공식적인 톤이 필요한 경우에 어울린다. 메신저는 빠른 확인, 짧은 요청, 가벼운 안부처럼 속도가 중요한 상황에서 가장 유용하다. 이 기준을 잡아두면 메시지의 온도를 정하기가 훨씬 쉬워진다.

필요하다면 "메신저용으로 짧고 부드럽게", "이메일용으로 격식을 갖추되 딱딱하지 않게" 같은 식으로 AI를 활용해 문장을 다듬어볼 수도 있다. 중요한 것은 내가 전하려는 의도에 맞게 톤을 한 번 더 점검하는 것이다. 바쁜 일상에서는 문장을 매번 새로 고르기 어렵기에, 기본이 되는 표현 몇 가지를 몸에 익혀두면 텍스트 소통이 훨씬 안정된다. 이때는 비슷한 예문을 많이 외우기보다, 자주 부딪히는 대표 장면별로 문장을 정리해두는 편이 더 실용적이다.

수정 요청

"보내주신 자료 잘 받았습니다. 고생 많으셨습니다. 다만 확인해 보니 내용이 조금 다르게 기재된 것 같습니다. 이대로 진행되면 문제가 생길 수 있어, 이 부분만 다시 한번 체크 부탁드립니다."

평가 대신 사실과 영향을 먼저 전해 상대의 방어를 덜 자극한다.

진행 상황 확인

"지난번 말씀드린 진행 상황이 궁금해 연락드렸습니다. 재촉드리려는 뜻은 아니고, 저희 쪽 다음 일정 때문에 참고하려는 것입니다. 편하실 때 말씀 주시면 감사하겠습니다."

가장 예민하게 읽힐 수 있는 독촉의 뉘앙스를 먼저 걷어낸다.

추가 요청

"요즘 프로젝트로 많이 바쁘실 텐데, 번거로우시겠지만 한 번만 더 확인 부탁드려도 될까요? 늘 꼼꼼히 챙겨주셔서 감사합니다."

부탁의 톤을 살리고, 상대의 상황을 인정해 압박을 줄여준다.

일정 조율

"이번 주 안에 한 번 맞춰보면 좋을 것 같습니다. 가능하신 시간대를 알려주시면 그에 맞춰 조정해보겠습니다."

내 일정만 밀어붙이지 않고, 조율의 여지를 함께 남겨둔다.

늦은 답장

"답장이 늦어 죄송합니다. 내용 확인이 조금 늦어졌습니다. 기다리게 해드린 점 죄송하고, 아래처럼 정리해 드리겠습니다."

지연의 사실을 먼저 인정해 상대의 불편함을 줄여준다.

거절 또는 보류

"좋은 제안 주셔서 감사합니다. 다만 현재 일정과 우선순위를 고려하면 이번에는 바로 진행하기 어려울 것 같습니다. 양해 부탁드립니다."

상대를 무시하지 않으면서도 경계를 분명하게 세운다.

오해 정리

"제가 앞서 드린 말이 다르게 전달되었을 수 있을 것 같습니다. 제 의도는 체크하려는것이었고, 불편하게 느껴지셨다면 죄송합니다. 오해 없도록 다시 말씀드리고 싶었습니다."

의도를 설명하되 방어적으로 맞서지 않는다.

휴일·늦은 시간 연락

"늦은 시간에 연락드려 죄송합니다. 일정 때문에 부득이하게 메시지 남깁니다. 지금 바로 확인하지 않으셔도 괜찮고, 편하실 때 회신 주셔도 됩니다."

선을 넘었다는 사실을 인정하고, 선택권을 상대에게 남겨둔다.

카네기는 작은 말 한마디가 관계의 방향을 바꾼다고 보았다. 사람은 자신의 이름이 불릴 때, 단순히 호칭이 아니라 "존중받고 있다"는 신호를 느끼며 누군가 나를 정확히 기억하고, 나를 특정한 존재로 불러준다는 감각은 생각보다 깊게 작용한다. 텍스트도 다르지 않다. 짧은 메시지 하나에도 상대를 어떻게 대하는지가 묻어나기에 짧게 쓰는 능력만큼, 짧지만 덜 차갑게 쓰는 감각도 중요해진다. 좋은 텍스트는 길어서가 아닌, 짧더라도 상대를 사람으로 대하고 있다는 느낌을 남길 때 더 오래 신뢰를 만든다. 여기서 기억해야 할 핵심은 어떤 문장을 외울 것인가보다, 텍스트에서 온도가 빠지는 지점이 어디인가를 알아차리는 것이다. 그 감각이 생기면 문장은 달라지고, 문장이 달라지면 관계의 마찰도 줄어들게 된다.

제 6 장

이름보다
그 뒤의 사연을 기억하라

이름을 기억하는 것보다
사연을 기억할 때 신뢰는 깊어진다

◇ 이름을 불러주는 순간 관계는 "나를 봐준다"로 바뀐다

아침에 스마트폰을 켜면 여러 앱과 서비스가 내 이름을 부르며 말을 건넨다. "OOO 님을 위한 추천입니다", "OOO 님, 관심 상품이 곧 품절됩니다" 같은 문장은 이제 낯설지 않다. 우리는 이미 이름과 취향, 소비 패턴까지 정교하게 불러주는 개인화된 환경 속에서 살고 있다. 그런데도 그런 호출에 특별한 감동을 느끼지는 않는 이유는 이름이 불리기는 했지만, 정작 내가 한 사람으로 존중받고 있다는 느낌까지는 들지 않기 때문이다.

그 이유는 분명하다. 기계가 기억하는 이름은 데이터의 한 항목에 가깝기 때문이다. 이름이 정확히 입력되어 있어도, 그 안에는 관계의 온도나 내가 어떤 사람인지에 대한 맥락이 함께 들어 있지 않다. 알고리즘이 내 이름을 불러도 우리는 그것을 환대라기보다 기능적인 개인화로 받아들인다. 이름은 맞지만, 나를 정말로 본다는 느낌은 남지 않는다. 사람 사이의 이름 부르기가 중요한 이유가 바로 여기에 있다. 인간이 누군가의 이름을 기억하고 불러준다는 것은 단순히 정보를 꺼내 쓰는 일이 아니다. 그 사람을 익명의 한 명이 아니라, 구체적인 얼굴과 맥락을 가진 개인으로 대하기 시작했다는 신호라 볼 수 있다. 이름을 정확히 불러주는 순간 관계의 공기가 달라지며, 상대는 그제야 자신이 기능이나 역할로만 처리되고 있는 것이 아니라고 느끼게 된다.

데일 카네기는 『인간관계론』에서 이렇게 말했다. *"A person's name is to that person the sweetest and most important sound in any language."* 이름은 그 어떤 언어보다도 당사자에게 **가장 달콤하고 중요한 소리라는 뜻이다.** 이는 지금도 유효하며, 오히려 자동화된 개인화가 익숙해진 시대일수록, 누군가가 자기 의지로 내 이름을 기억하고 불러주는 일은 더 또렷하게 남는다.

복잡한 협업 환경에서는 이 차이가 더 분명하다. 여러 부서와 외부 파트너, 실무자들이 얽혀 일할수록 우리는 상대를 쉽게 역할로만 기억하게 된다. '디자인팀 담당자', '외부 업체 실무자', 'A대행사 담당자'처럼 기능으로 부르는 순간 호칭은 편해질 수 있어도 관계는 약해질 수 있다. 하지만 "김민수 매니저님, 어제 보내주신 자료 잘 봤습니다"처럼 이름을 정확히 불러주게 되면 상대가 느끼는 인상은 달라진다. 내가 처리해야 할 대상이 아니라, 한 사람으로 인식되고 있다는 느낌이 생기기 때문이다.

이 차이는 직장 밖에서도 동일하다. 아이의 친구를 늘 '그 친구'라고만 부르다가 이름을 기억해주면 관계의 온도가 달라진다. 자주 가는 가게 사장님의 이름을 기억해두었다가 불러드리면 대화의 공기가 부드러워진다. 이름은 거창한 친밀감의 표시가 아니라, 당신을 익명의 배경으로 흘려보내지 않았다는 가장 기본적인 증거에 가깝기 때문이다. 물론 이름을 외우는 것만으로 관계가 깊어지는 것은 아니지만 거기서부터 시작된다. 이름을 기억하고 불러주는 순간, 관계는 역할과 기능의 언어에서 사람의 언어로 옮겨간다. 그리고 그 이름 뒤에 어떤 사연을 함께 기억하고 있느냐에 따라 신뢰의 깊이도 달라지기 시작한다.

◇ 사건보다 감정을 기록하는 디테일 메모 습관

이름을 기억하는 것이 관계의 출발점이라면, 그 이름 뒤에 있는 맥락을 기억하는 일은 그 사람을 더 이상 익명으로 대하지 않겠다는 표시가 된다. 사람은 자기 이름이 불릴 때 반가움을 느끼지만, 자신이 지나가듯 꺼낸 이야기와 그때의 감정까지 기억해주는 사람에게는 더 큰 신뢰를 느낀다. 요즘 기업들은 고객 관계를 관리하기 위해 방대한 데이터를 쌓는다. 언제 접속했는지, 무엇을 구매했는지, 어떤 요청을 남겼는지 같은 정보는 정교하게 저장된다. 하지만 이런 기록만으로는 사람을 온전히 기억했다고 말하기 어렵다. 중요한 것은 사건 자체만이 아니라, 그때 상대가 어떤 상태였는지, 무엇을 걱정하고 있었는지, 어떤 이야기에서 표정이 바뀌었는지 같은 맥락이기 때문이다. 이때 필요한 것이 디테일한 메모 습관이다. 중요한 것은 내용 전체를 기록하는 일이 아니라, 상대를 익명이 아닌 사람으로 남게 만드는 작은 단서를 붙잡는 것이다.

"3월 5일, A대행사 김민수 매니저. 2분기 계약 단가 협의" 이 기록은 정확하지만 관계를 이어주는 정보로는 부족하다. 여기에 "최근 팀원 퇴사로 업무가 몰려 지쳐 보였음", "발표 전날이 가까워질수록 말수가 줄어드는 편", "아이 이야기만 나오면 표정이 달라짐" 이같은 메모가 더해지면 이야기가 달라진다. 이것은 단순한 정보 저장이 아니라, 다음 만남에서 그 사람을 기능이 아닌 사람으로 다시 대할 수 있게 해주는 단서가 된다.

이런 습관은 다음 만남에서 힘을 발휘한다. "요즘도 인원 충원 문제로 많이 바쁘시죠"라거나 "지난번에 말씀하신 아이 일은 좀 괜찮아지셨나요"라고 자연스럽게 말을 꺼낼 수 있기 때문이다. 이런 한마디는 대단한 기술처럼 보이지 않지만, 상대에게는 전혀 다르게 다가온다. 내가 회사 이름과 직함만 기억된 것이 아니라, 한 사람으로 남아 있다는 느낌이 생기기 때문이다.

가정에서도 비슷하다. 아이가 시험보다 친구 문제로 더 힘들어하고 있었다는 점을 기억해두면 다음 대화의 결이 달라진다. 배우자가 어떤 시기에 유난히 예민해졌는지, 어떤 이야기에 오래 마음을 쓰는지 기억해두면 같은 질문도 더 조심스럽게 건넬 수 있다.

사람은 자신의 말이 저장되었다는 사실보다, 자신의 상황과 감정이 기억되고 있다는 사실에서 더 큰 신뢰를 느낀다.

사람의 기억에는 한계가 있기에 필요하다면 AI나 메모 도구의 도움을 받아 이름과 함께 짧은 맥락을 정리해두는 것도 좋은 방법이 될 수 있다. 중요한 것은 정보를 많이 저장하는 일이 아니라, 다음에 다시 만났을 때 사람답게 꺼내 쓸 수 있는 수준으로 기억을 정리해두는 것이다. AI는 정리를 도울 수 있지만, 무엇이 중요한 단서였는지를 알아보는 일은 사람의 몫이다. 사람을 기억한다는 것은 데이터를 많이 갖고 있다는 뜻이 아니다. 그 사람을 익명이 아닌 구체적인 사람으로 대할 준비가 되어 있다는 뜻에 더 가깝다. 디테일한 메모 습관은 단순한 기록술이 아니라, 관계의 식별감을 만드는 태도이다.

◇ 패턴이 아니라 사연을 기억하는 사람이 오래 남는다

사람을 오래 만나고 함께 일하다 보면, 우리는 상대를 빠르게 이해하기 위해 습관처럼 분류하게 된다. "저 사람은 원래 깐깐하다", "그 팀은 늘 늦는다", "저 부서는 원래 보수적이다" 같은 식이다. 이런 분류는 순간적으로는 편하다. 복잡한 관계를 단순하게 정리해주기 때문이다. 하지만 사람을 패턴으로만 보기 시작하면, 관계는 더 깊어지기 어렵다. 눈앞의 사람은 사라지고, 내가 만든 라벨만 남기 쉽기 때문이다. 문제는 사람의 행동이 늘 성격이나 스타

일만으로 설명되지는 않는다는 데 있다. 겉으로 드러난 반응 뒤에는 그 사람만의 사정과 경험, 상처와 기준이 함께 작동하고 있는 경우가 많다. 같은 행동도 사연을 알고 보면 전혀 다르게 읽히기 때문이다. 예산안의 숫자를 유난히 세밀하게 따지는 파트너사 담당자를 단순히 까다로운 사람으로만 보면 대화할 때마다 지치게 된다. 하지만 그가 과거에 예산 실수로 크게 곤란을 겪은 적이 있다는 사실을 알게 되면, 그 태도는 공격이 아니라 자신을 지키기 위한 방식으로 보이기 시작한다.

패턴으로 상대를 보면 반응이 나오지만, 사연까지 알게 되면 비로소 이해하게 된다. 반응은 관계를 빨리 소모시키나 이해는 관계를 조금 더 오래 견디게 한다. 사람의 마음에 남는 것은 보통 상대를 빠르게 판단한 사람이 아니라, 그 사람의 행동 뒤에 있는 맥락을 놓치지 않은 사람이다. 이름을 기억하는 것이 상대를 익명성에서 꺼내오는 첫걸음이라면, 사연을 기억하는 일은 그 사람을 하나의 이야기로 받아들이는 일이다. 같은 이름을 불러도 거기에 어떤 기억이 얹혀 있느냐에 따라 관계의 깊이는 달라진다. "김 팀장님"이라고 부르는 것과, "김 팀장님, 지난번 말씀하신 일은 좀 괜찮아지셨나요"라고 묻는 것은 전혀 다른 무게를 갖는다.

데일 카네기는 『인간관계론』에서 이렇게 말했다. *"Talk in terms of the other person's interests."* 상대가 중요하게 여기는 것을 중심으로 말하라는 뜻이다. 카네기는 상대방의 입장에서 생각하고,

상대가 중요하게 느끼는 것을 놓치지 말라고 거듭 강조했다. 이 원칙을 오늘의 언어로 바꾸면 이 말과 닿아 있다. 사람을 유형으로 다루지 말고, 맥락을 가진 한 사람으로 기억하라는 뜻이다. 이름을 안다는 것은 시작이고, 그 사람의 사연을 기억한다는 것은 그를 더 이상 익명의 한 사람으로 다루지 않겠다는 뜻이다. 이런 기억은 거창할 필요가 없다. 상대가 걱정하던 일, 유난히 조심스러워하던 문제, 말을 하다 잠깐 표정이 바뀌던 순간 같은 작은 단서면 충분하다. 그리고 그런 단서가 쌓일수록 우리는 상대를 기능이나 역할이 아니라, 맥락을 지닌 사람으로 보게 된다. 그 시선의 변화가 말의 방식도 바꾼다. 같은 요청을 해도 더 조심하게 되고, 같은 확인을 해도 더 사람답게 건네게 된다.

이런 기억을 정리하는 데 AI나 메모 도구의 도움을 받을 수도 있다. 중요한 것은 상대를 더 정교하게 분류하는 데 있지 않으며 이름 뒤에 있는 사연을 잊지 않기 위해, 다음 만남에서 그 사람을 조금 더 사람답게 대하기 위해 기억을 정리해두는 데 의미가 있다. 오래 남는 사람은 패턴을 잘 읽는 사람이 아니라, 사연을 놓치지 않는 사람일 때가 많다. 사람은 누구나 자기 행동을 평가받는 데는 익숙하지만, 그 행동 뒤에 있는 이유까지 기억해주는 경험은 드물다. 자신의 사연이 기억되고 있다는 감각은 생각보다 깊은 신뢰를 만든다. 이름을 부르는 사람이 관계의 문을 연다면, 사연을 기억하는 사람은 그 문 안에 오래 머무르게 한다.

제 7 장

경청은 상대의 감정을 안전하게 받아주는 일이다

경청은 정보를 모으기보다
감정이 놓이는 자리를 만든다

◇ 경청은 정보 수집이 아니라 심리적 안전을 만드는 일이다

요즘 회의실 풍경을 떠올려보면, 사람의 말이 점점 더 잘 기록되는 시대를 살고 있다는 사실을 실감하게 된다. 회의 어시스턴트는 발언을 실시간으로 텍스트로 바꾸고, 회의가 끝나면 요약과 결정 사항, 다음 할 일까지 정리해준다. 단지 말을 빠짐없이 받아 적고 정리하는 일만 놓고 보면, 인간은 이미 기계를 따라가기 어렵다. 타인의 말을 듣는 일이 단순히 정보 수집이라면, 경청의 가치는 예전보다 훨씬 줄어들었을지도 모른다.

사람은 여전히 누군가에게 자기 이야기를 하고 싶어 하는데, 정보를 정리해줄 누군가를 찾기보다, 자기 말을 해도 괜찮은 사람을 찾기 때문이다. 데일 카네기는 『인간관계론』에서 이렇게 말했다. *"Be a good listener. Encourage others to talk about themselves."* 좋은 경청자가 되고, 다른 사람들이 자신에 대해 이

야기하도록 북돋우라는 뜻이다. 이 말은 경청의 목적이 단지 사실을 파악하는 데 있지 않다는 뜻이기도 하다.

누군가가 고민을 털어놓거나 불만을 말할 때, 그는 사실만 전달하고 있는 것이 아닐 수 있다. 많은 경우 사람은 말하는 순간 상대를 함께 살핀다. 내가 이런 이야기를 해도 괜찮을지, 내 감정을 드러내도 안전할지, 혹시 비난받거나 가볍게 취급되지는 않을지를 조심스럽게 확인하는 것이다. 경청은 단순히 말을 듣는 일이 아니라, 이 대화가 안전하다는 신호를 상대에게 보내는 일에 더 가깝다. 이때 중요한 것은 화려한 조언이 아니다. 말을 끊지 않는 침묵, 서두르지 않는 반응, 중간중간 건네는 짧은 수용의 말 같은 기본적인 태도가 오히려 더 크게 작용한다. 상대가 말을 하고 있을 때 조용히 끝까지 듣고, 바로 평가하거나 해결책을 던지지 않는 것만으로도 사람은 생각보다 빨리 긴장을 푼다. 그 순간 상대는 "이 사람 앞에서는 조금 더 솔직해져도 되겠다"라고 느끼기 시작한다.

반대로 겉으로는 듣는 것처럼 보여도 속으로는 반박할 말을 찾고 있거나, 빨리 결론만 뽑아내려는 태도는 의외로 쉽게 드러난다. 아이는 부모가 듣는 척하면서 이미 훈계할 준비를 하고 있다는 기색을 금방 알아차린다. 친구는 자기 얘기가 끝나기도 전에 상대가 자기 경험을 꺼내 들면 더 깊은 말을 멈춘다. 직장에서도 마찬가지이다. 입을 열고 있어도 진짜 속마음은 감춘 채, 무난하고 겉도는 말만 남기게 된다. 경청이 무너지면 대화는 이어질 수 있어도 관계는 얕아지기 쉽다.

경청의 핵심은 정보를 많이 모으는 데 있지 않다. 상대가 자기 감정을 조금 더 편하게 꺼낼 수 있도록 분위기를 만드는 데 있다. 심리적 안전감이 생기면 사람은 방어를 늦추고, 그제야 표면적인 말 아래에 있는 진짜 고민이나 두려움을 보여주기 시작한다. 이 과정은 먼저 평가하지 않고 받아주는 태도에서 시작된다. 경청은 수동적인 행동이 아니며, 누군가가 잠시라도 세상의 평가를 내려놓고 자기 이야기를 할 수 있게 만드는 적극적인 관계의 기술에 가깝다. 정보는 기록될 수 있지만, 안전감은 기록만으로 생기지 않는다. 사람은 자신의 말이 정확히 정리되었기 때문이 아니라, 그 말을 하는 동안 안전하다고 느꼈을 때 비로소 마음을 연다. 경청이 호감을 만드는 이유도 여기에 있다.

◇ 침묵·추임새·감정 수용의 언어로 마음을 받아주는 법

경청의 핵심은 정보를 모으는 데 있지 않으며, 상대가 이 대화 안에서 안전하다고 느끼게 만드는 것이라 볼 수 있다. 그렇다면 그 안전감은 실제로 어떻게 전달될까? 특별한 화술이 필요한 것은 아니며 기본적인 몇 가지 태도가 더 크게 작용한다. 그중 핵심이 되는 것이 침묵, 추임새, 감정 수용의 언어다.

첫째는 침묵이다. 사람이 고민을 털어놓을 때 우리는 쉽게 조언을 서두르거나, 내 경험을 덧붙이거나, 곧바로 해결책을 꺼내고 싶어진다. 하지만 경청은 먼저 내 입에서 올라오는 말을 잠시 멈추는 데서 시작된다. 상대가 말을 멈춘 순간 바로 치고 들어가기보다, 짧게라도 빈 공간을 남겨두는 것이다. 이 짧은 침묵은 생각보다 중요하다. 상대에게는 "내 말을 급하게 정리하거나 덮지 않고, 아직 더 들어줄 준비가 되어 있다"는 신호로 전달되기 때문이다. 사람은 쫓기지 않는다고 느낄 때, 표면적인 설명을 넘어 조금 더 깊은 속마음을 꺼내기 시작한다.

둘째는 추임새다. 아무 반응 없이 듣고만 있으면, 상대는 생각보다 쉽게 불안해진다. 내 말이 제대로 전달되고 있는지, 혹시 혼자 길게 말하고 있는 것은 아닌지 확인하고 싶어지기 때문이다. 경청에는 짧은 반응이 필요하다. 다만 여기서 중요한 것은 질문을 많이 던지는 기술이 아니라, 계속 말해도 괜찮다는 신호를 주는 반응이다. "그랬군요", "그때 많이 당황하셨겠어요", "쉽지 않았겠네요" 같은 짧은 말만으로도 충분하다. 이런 추임새는 대화를 끊지 않으면서도, 나는 지금 당신의 이야기를 따라가고 있다는 신호를 준다. 특히 비대면 회의나 표정이 잘 드러나지 않는 상황에서는 이런 짧은 반응이 더 중요해진다. 사람은 자기 말이 허공으로 흩어지지 않고 상대에게 도달한다는 느낌을 받을 때 훨씬 편하게 이야기하게 된다.

셋째는 감정 수용의 언어다. 상대의 말이 끝났을 때 우리가 자주 하는 실수는, 바로 사실을 정리하고 결론으로 넘어가려는 것이다.

상황을 이해하는 데 사실 확인은 필요하지만 사람의 마음은 팩트보다 감정이 먼저 다뤄져야 열린다. "협력사가 일정을 미뤄서 정산이 꼬였다는 말씀이시군요"라고 정리하는 대신 "중간에서 조율하시느라 정말 마음이 많이 타셨겠네요"라고 먼저 반응하는 것이다. "친구랑 다퉜구나"보다 "그 일로 많이 서운했겠구나"가 더 깊게 닿는 이유도 비슷하다. 이런 말은 문제를 해결해주지는 않지만, 적어도 그 감정을 내가 보았다는 사실을 전해준다. 사람은 자기 감정이 인정받았다고 느끼는 순간, 그때부터 조금씩 다음 대화로 옮겨갈 수 있게 된다.

감정 수용의 언어는 몇 가지 방향으로 나눠 생각해볼 수 있다. **사실을 안전하게 받아주는 사실 확인형**은 "그런 일이 있었군요"처럼 들은 내용을 급히 판단하지 않고 받아준다.

감정을 비춰주는 감정 반영형은 "많이 속상하셨겠네요", "정말 답답하셨겠어요"처럼 마음의 상태를 되돌려준다.

말을 계속할 수 있게 하는 말문 열어주기형은 "그 뒤에 어떤 일이 있었나요", "그때 마음이 어떠셨나요"처럼 상대가 자기 속도로 더 풀어갈 수 있게 돕는다.

중요한 것은 내가 얼마나 말을 잘하느냐가 아니라, 상대가 얼마나 안전하게 계속 말할 수 있느냐이다. 침묵은 공간을 만들고, 추임새는 그 공간 안에서 내가 함께 있다는 신호를 보내며, 감정 수용의 언어는 상대의 마음이 안전하게 놓일 자리를 마련해준다. 이 세 가지가 갖춰질 때 대화는 단순한 정보 교환을 넘어 관계를 만드는 경험으로 바뀌기 시작한다. 누군가의 말을 끝까지 듣고, 그 감정을 먼저 받아주는 일은 눈에 잘 띄지 않지만 매우 강한 힘을 가진다. 사람은 정답을 빨리 주는 사람보다, 자기 마음을 서둘러 재단하지 않는 사람 곁에서 더 오래 안심하게 된다.

◇ 조언을 늦추고 먼저 이해하는 연습

누군가가 어려움을 털어놓을 때 우리는 쉽게 해결책부터 떠올린다. 동료가 업무 스트레스를 말하면 더 효율적인 방법을 제안하고, 가족이 인간관계 문제를 이야기하면 당장 써먹을 수 있는 대응법을 말해주고 싶어진다. 우리는 이런 반응을 도움이라고 생각하는데, 빠르게 해결책을 주는 것이 상대를 위하는 길이라고 믿기 때문이다. 하지만 사람 사이의 대화에서는 이 빠른 조언이 오히려 관계를 닫히게 만드는 경우가 적지 않다. 상대는 해결책이 궁금해서 말을 꺼낸 것이 아니라, 자기 감정을 먼저 이해받고 싶어서 말을 꺼낸 경우가 많기 때문이다. 그런데 그 순간 조언이 먼저 나오면, 상대는 내 이야기가 충분히 받아들여지기 전에 교정의 대상으로 넘어가 버렸다고 느끼기 쉽다. 도움을 받은 것이 아니라, 평가받거나 통제당한 것처럼 느끼는 이유도 여기에 있다.

실제로 많은 하소연은 해답이 없어서 시작되는 것이 아니다. 무엇이 맞는지 어느 정도 알면서도, 마음대로 되지 않는 현실이 답답해서 시작되는 경우가 더 많다. 그 순간 필요한 것은 더 나은 방법을 알려주는 일이 아니라, 지금 무엇이 힘든지를 함께 보아주는 일에 가깝다. 사람은 답을 몰라서만 힘든 것이 아니라, 그 답을 실행하기 어려운 마음 상태 때문에 더 힘들어지기도 한다. 일상 대화에서는 조언을 잘하는 능력보다, 조언을 조금 늦출 줄 아는 태도가 더 중요해진다. 특히 상대가 감정을 풀어놓는 초반에는 해결보다 이해가 먼저 와야 한다. 그때 도움이 되는 간단한 기준이 있다. "어떻게 할까"를 서두르기보다, "무엇이 가장 힘든가"를 먼저 붙드는 것이다.

"이번 프로젝트는 정말 너무 버겁네요"라는 말이 나오면 "그러면 일정을 이렇게 조정해보세요"라고 바로 들어가기보다 "지금 가장 버겁게 느껴지는 부분이 뭐예요?"라고 묻는 편이 낫다.

"학교 가기 싫어"라는 말이 나오면 "그럼 네가 더 노력해야지"보다 "학교에서 뭐가 제일 힘들어?"가 먼저 와야 한다.

이 말은 행동을 바로 바꾸려 하지 않고, 상대가 겪고 있는 부담의 실체를 먼저 보게 만든다. 사람은 자기 감정이 정확히 이해받고 있다고 느낄 때 비로소 다음 단계의 대화로 넘어갈 준비를 하게 된다. 정말로 조언이 필요할 때도 있는데 그럴수록 더 필요한 것은 타이밍과 방식이다. 좋은 방법이 떠올랐다고 해도 곧바로 던지기보다, 먼저 상대에게 선택권을 주는 편이 낫다. "내가 예전에 비슷한 상황에서 써본 방법이 하나 있는데, 혹시 말해줘도 괜찮을까?"라고 묻는 것이다. 이 짧은 확인만으로도 대화의 분위기는 달라진다. 조언이 일방적인 개입이 아니라, 허락받은 제안으로 바뀌기 때문이다. 데일 카네기는 사람을 직접적으로 고치려 들기보다, 스스로 받아들일 수 있는 방식으로 다가가야 한다는 점을 여러 번 강조했다. 조언도 마찬가지이다. 이해가 먼저 있고 조언이 나중에 올 때, 상대는 그것을 통제나 평가가 아니라 실제 도움으로 받아들일 가능성이 훨씬 커진다.

사람은 자기 감정의 영역을 함부로 침범당하지 않는다고 느낄 때 더 쉽게 마음을 연다. 조언의 내용만큼 중요한 것은, 그 조언이 어떤 태도로 건네졌는가이다. 경청은 좋은 말을 해주는 기술이 아니라, 섣부른 말을 조금 늦추는 기술에 더 가깝다. 모든 문제에 빠르게 답하는 사람이 유능해 보일 수는 있다. 하지만 사람의 마음에 오래 남는 쪽은, 해결책을 서두르기보다 먼저 이해의 자리를 마련해주는 사람이다. 조언은 그 다음이어도 늦지 않다. 오히려 이해가 먼저일 때, 그 조언은 비로소 상대 안에 들어갈 수 있게 된다.

취향보다 그 사람에게
중요한 의미를 물어라

취향보다 의미를 묻는 질문이 마음에 닿는다

◇ 취향은 맞춰도 마음은 못 맞추는 이유

지금 우리는 알고리즘이 개인의 취향을 정교하게 읽어내는 시대를 살고 있다. 영상 플랫폼은 내가 오래 머문 장면을 기억하고, 쇼핑 앱은 내가 자주 고르는 물건을 추천한다. 이제는 내가 무엇을 좋아하는지, 어떤 스타일에 끌리는지 정도는 기술이 꽤 정확하게 짚어낸다. 취향을 맞춘다는 일 자체는 예전보다 훨씬 흔해졌다. 이런 환경에 익숙해질수록 사람들은 인간관계에서도 비슷한 방식으로 접근하기 쉽다. 상대가 자주 마시는 음료를 기억하거나, 좋아하는 스포츠나 취미를 화제로 꺼내며 대화를 시작하는 식이다. 이런 세심함은 좋은 태도이다. 상대를 무심하게 대하지 않았다는 신호가 되기 때문이다. 다만 여기에는 한 가지 한계가 있다. 취향을 안다고 해서 곧바로 마음까지 이해하게 되는 것은 아니라는 점이다.

그 이유는 취향이 겉으로 드러난 선택의 결과이기 때문이다. 사람은 왜 그것에 끌리는지까지 물어보아야 비로소 그 사람의 내면에 조금 더 가까워질 수 있다. 데일 카네기가 말한 **"상대의 관심사에 대해 이야기하라"**는 원칙도 오늘의 언어로 옮기면 단순히 취미를 맞추라는 뜻에 그치지 않는다. 『인간관계론』의 문장대로 말하면 이렇다. ***"Talk to people about themselves and they will listen for hours."* 사람은 자기 자신과 관련된 이야기를 오래 듣는다는 뜻이다.** 그런데 여기서 말하는 '자기 자신'은 단순한 취향 정보에 머물지 않는다. 그 관심사가 자신에게 왜 중요한지까지 닿을 때 비로소 사람은 더 깊이 마음을 열게 된다.

"주말마다 캠핑을 갑니다"라는 말을 들으면 "최근에는 어디로 다녀오셨어요?"라고 묻게 된다. 자연스러운 질문이다. 대화가 무난하게 이어질 수 있지만 아직은 정보 교환의 성격이 강하다. "준비할 것도 많고 몸도 피곤할 텐데, 자꾸 가게 되는 가장 큰 이유는 무엇인가요?"라고 물으면 대화의 결이 달라진다. 이 질문은 캠핑이라는 취향 자체보다, 그 시간이 상대에게 어떤 의미인지로 시선을 옮기게 만든다. 주중의 피로를 잊고 싶어서일 수도 있고, 가족과 함께 있을 때만 느껴지는 평온함 때문일 수도 있으며, 혼자만의 시간을 통해 다시 중심을 잡고 싶어서일 수도 있다. 바로 이런 지점에서 대화는 취향 소개를 넘어 마음의 이야기로 들어간다. 사람은 자신이 무엇을 좋아하는지 말할 때보다, 그것이 자신에게 중요한지를 이야기할 때 더 깊이 이해받는다고 느낀다.

친구가 요즘 러닝에 빠졌다고 말할 때도 마찬가지이다. 운동화를 어디 제품으로 샀는지, 몇 킬로를 뛰는지 묻는 데서 대화는 시작될 수 있다. 하지만 "뛰고 나면 마음이 어떻게 달라지나요?"라고 묻는 순간 상대는 전혀 다른 이야기를 꺼낼 수 있다. 일의 스트레스가 가라앉는다고 말할 수도 있고, 스스로를 다시 다잡게 된다고 말할 수도 있다. 마음은 이런 자리에서 맞춰진다.

사람의 마음을 여는 질문은 "무엇을 좋아하느냐"에 머무르지 않으며, 그 뒤에 있는 이유와 의미를 함께 물어보아야 한다. 취향은 맞출 수 있어도, 마음은 쉽게 맞춰지지 않는다. 마음이 맞는다는 것은 같은 것을 좋아한다는 뜻보다, 그 사람이 무엇을 통해 위로받고 살아나는지를 함께 이해하게 되는 데 더 가깝다. 대화가 자꾸 겉돈다고 느껴질 때는 상대의 취향을 묻지 않았기 때문이 아니라, 그 취향이 왜 중요한지를 묻지 않았기 때문일 수 있다. 표면의 정보는 이미 어디서든 얻을 수 있다. 하지만 그 정보 뒤에 있는 의미를 묻는 질문은 여전히 사람만이 건넬 수 있다. 그리고 관계를 조금 더 깊게 만드는 질문도 바로 그 지점에서 시작된다.

◇ 질문을 깊게 만드는 세 단계

상대의 취향을 아는 것과 그 사람의 마음에 닿는 것은 다르다. 문제는 실제 대화에서 그것을 어떻게 자연스럽게 실천하느냐. 처음부터 깊은 속마음을 바로 묻기는 어렵다. 자칫하면 부담스러운 질문처럼 들릴 수 있기 때문이다. 사람의 마음은 가벼운 정보에서 시작해, 그 뒤의 이유를 지나, 마지막에 의미로 들어갈 때 가장 자연스럽게 열린다. 이를 정리하면 '무엇'을 → '왜' → '어떤 의미'라는 세 단계가 된다. 겉으로 드러난 이야기에서 출발하되, 서두르지 않고 조금씩 안쪽으로 들어가는 방식이다. 퇴근 후나 주말을 쪼개어 고전 문학을 번역하거나 글을 쓰는 사람이 있다고 해보자. 이 사람과의 대화도 세 단계로 조금씩 깊어질 수 있다.

첫 번째는 '무엇'을 묻는 단계다. 이 단계는 가장 안전한 출발점이다. 지금 하고 있는 일, 최근의 근황, 겉으로 드러난 활동을 묻는 것이다. "요즘 주말마다 고전 번역 작업을 하신다고 들었는데, 진도는 좀 나가고 있나요?" 이 질문에 상대는 비교적 편하게 답할 수 있다. "절반 정도 했어요", "생각보다 속도가 안 나네요"처럼 가벼운 사실을 말하면서 대화의 문이 열린다. 이 단계에서는 부담 없이 말을 시작할 수 있게 만드는 것이 중요하다.

두 번째는 '왜'를 묻는 단계다. 활동을 확인했다면, 이제 그 일을 계속하게 만드는 이유로 시선을 옮길 수 있다. 이때부터 대화는 정보 교환에서 조금씩 사람 쪽으로 이동한다. "주말이면 보통 쉬고 싶으실텐데, 여러 취미 중에서 왜 하필 번역 작업을 계속하고 계세요?" 이 질문을 받으면 상대는 단순한 근황 보고를 넘어서, 자신이 그 일을 좋아하는 이유나 느끼는 매력을 이야기하게 된다. 고전을 좋아해서일 수도 있고, 원문의 결을 살리는 일이 재미있어서일 수도 있으며, 오래 붙잡고 한 문장을 다듬는 시간이 자신에게 잘 맞기 때문일 수도 있다. 여기서부터 대화는 그 사람이 무엇을 하는가보다, 어떤 마음으로 하고 있는가로 옮겨간다.

세 번째는 '어떤 의미'를 묻는 단계다. 이 질문은 그 활동이 단순한 취미나 습관을 넘어, 삶에서 어떤 자리를 차지하는지를 묻게 만든다. "그 작업을 끝까지 해내고 나면, 본인에게는 어떤 의미로 남을 것 같으세요?" 이 단계에 이르면 상대는 자신의 시간을 조금 더 긴 호흡으로 바라보게 된다. 단순히 번역을 하고 있다는 사실을 넘어, 자신을 어떻게 바꾸고 있는지, 삶에서 무엇을 붙들게 해주는지, 앞으로 어떤 방향과 연결되는지를 말하게 될 수도 있다. 이 질문은 상대의 행동을 더 큰 이야기 안에 놓이게 만든다.

이 세 단계의 장점은 자연스럽다는 데 있다. 처음부터 깊은 질문을 던지지 않아도, 대화가 진전되게 만든다. '무엇'을 묻는 단계가 대화의 문을 열고, '왜'를 묻는 단계가 사람의 동기를 드러내며, '의미'를 묻는 단계가 그 사람의 가치관과 정체성에 닿게 한다. 대화는 편안하게 깊어진다. 하지만 무엇을 좋아하는지, 무슨 일을 하는지, 요즘 무엇에 관심이 있는지만 묻다가 대화가 더 이상 나아가지 않으면 "왠지 깊은 이야기가 안 되는 사람"이라고 쉽게 판단하기도 한다. 하지만 많은 경우 문제는 상대에게 있는 것이 아니라, 질문이 그 깊이까지 들어가지 못했기 때문에 생긴다. 사람의 진짜 매력과 진심은 이유와 의미의 층위에 더 많이 머물러 있다.

기술은 취향과 패턴을 빠르게 읽어낼 수 있지만 어떤 일이 그 사람에게 왜 중요한지, 그리고 그것이 삶에서 어떤 의미를 갖는지는 여전히 사람의 질문이 더 잘 이끌어낸다. 관계를 깊게 만드는 질문은 정보를 캐내는 질문이 아니라, 알고 있는 사실 뒤에 어떤 마음이 있는지를 묻는 것이라 할 수 있다. '무엇'을 묻는 데서 시작해 '왜'를 지나 '의미'로 들어가는 질문은, 상대를 단순한 정보의 주체가 아니라 하나의 이야기를 가진 사람으로 만나게 해준다.

◇ 관계가 가까워지는 공감 질문 열 가지

세 단계 질문법을 이해했다면, 이제는 실제 대화에서 꺼내 쓸 수 있는 질문이 필요하다. 공감 질문은 거창하거나 특별할 필요가 없다. 중요한 것은 상대가 지금 가장 많은 에너지를 쓰고 있는 곳, 그리고 그 안에서 느끼는 의미와 감정에 닿을 수 있느냐에 있다. 데일 카네기가 말한 것처럼, 관계를 깊게 만드는 질문은 상대의 관점으로 이동하려는 노력에서 시작된다. 아래 질문들은 상대를 단순히 대답하는 사람이 아니라, 나름의 맥락과 서사를 가진 사람으로 대하게 만든다. 모든 질문을 그대로 외워 쓸 필요는 없다. 다만 이런 방향의 질문이 대화를 어디로 이끄는지는 익혀둘 만하다.

가벼운 대화용 질문

처음부터 깊은 이야기로 들어가기 어렵다면, 최근 관심사를 가볍게 묻되 이유로 한 걸음 더 들어가는 질문이 좋다.

"요즘 가장 자주 시간을 쓰게 되는 일이 뭐예요?"

"그 일은 뭐가 그렇게 계속 끌리게 하나요?"

"요즘 일상에서 자주 웃게 되는 순간은 언제예요?"

이런 질문은 부담이 적으면서도 단순한 근황을 넘어 현재 관심사의 방향을 보게 해준다.

조금 깊은 대화용 질문

조금 더 친해진 관계에서는 감정과 의미를 함께 묻게 되는 질문이 대화를 깊게 만든다.

"요즘 가장 마음을 많이 쓰는 일이 있다면 뭐예요?"

"겉으로는 괜찮아 보여도, 사실 제일 걸리는 건 뭐예요?"

"그 일을 붙잡고 있는 이유를 한마디로 말하면 뭐예요?"

이런 질문은 표면의 사실보다, 지금 그 사람의 안쪽에서 크게 움직이고 있는 마음을 보여주게 한다.

관계 전환용 질문

가족이나 가까운 친구, 오래 함께 일한 동료처럼 익숙한 관계에서는 역할 뒤에 가려진 사람을 다시 보게 만드는 질문이 필요하다.

"오늘 하루 중에 가장 힘들었던 순간은 언제였어요?"

"요즘 가장 너답다고 느끼는 순간은 언제야?"

"아직도 따뜻하게 남아 있는 장면이 하나 있다면 뭐야?"

"이번 일이 지나면, 너 자신에게 어떤 의미로 남을 것 같아?"

이런 질문은 익숙한 존재를 다시 한 사람의 이야기로 만나게 만든다. 당연하게 여겨왔던 감정과 기억이 다시 드러나는 순간이 생기기 때문이다.

데일 카네기는 『인간관계론』에서 이렇게 말했다. *"You can make more friends in two months by becoming interested in other people than you can in two years by trying to get other people interested in you."* 다른 사람의 관심을 끌려 애쓰기보다, 먼저 진심으로 관심을 가지는 편이 훨씬 더 큰 힘을 발휘한다는 뜻이다. 카네기는 상대가 중요하게 여기는 것에 진심으로 관심을 가질 때 관계가 깊어진다고 보았다. 공감 질문이 힘을 갖는 이유도 동일하다. 사람은 누군가가 자기 취향을 알아줄 때보다, 자기 마음의 결을 알아준다는 생각이 들때 더 깊이 이해받는다고 느낀다.

좋은 질문은 상대가 자기 삶을 조금 더 차분히 돌아보게 만드는 것이다. 관계를 깊게 만드는 것은 내가 얼마나 말을 잘하느냐보다, 어떤 질문으로 상대가 자기 이야기를 더 또렷하게 꺼낼 수 있게 돕느냐에 달려 있다. 적절한 질문 하나는 생각보다 오래 남으며, 사람은 자기 이야기를 진지하게 들어주고, 그 의미까지 물어봐 주는 사람을 쉽게 잊지 않는다. 공감 질문은 대화를 이어가는 기술이면서, 동시에 신뢰를 쌓아가는 방식이 되기도 한다.

제 9 장

존중은 마음이 아니라
행동으로 증명된다

존중은 마음보다
시간·약속·경계에서 드러난다

◇ 존중은 감정이 아니라 행동 신호로 전달된다

우리는 흔히 존중을 상대를 높게 생각하는 마음이라고 여긴다. 그런 마음도 중요하지만 인간관계에서는 마음속에만 머무는 존중보다, 상대가 실제로 느낄 수 있는 존중이 더 중요하게 작동한다. 아무리 좋게 생각하고 있어도 그것이 행동으로 드러나지 않으면, 관계 안에서는 없는 것과 크게 다르지 않기 때문이다. 특히 지금처럼 모든 소통이 빠르고 즉각적으로 오가는 환경에서는 이 차이가 더 분명해진다. 사람들은 마음은 있었다고 말하지만, 바빠서 답장을 미뤘다고 하고, 친하니까 조금 늦어도 괜찮을 거라 생각하며, 급한 일이라는 이유로 대화 도중 다른 일을 먼저 본다. 문제는 이런 행동이 반복될수록 상대는 우리의 속마음보다 태도를 먼저 읽게 된다는 점이다. 존중은 생각과 마음보다 먼저, 행동에서 드러난다.

데일 카네기는 『인간관계론』에서 이렇게 말한다. *"Make the other person feel important—and do it sincerely."* **상대가 자신을 중요한 존재로 느끼게 하되, 그것을 진심으로 하라는 뜻이다.** 여기서 핵심은 내가 그렇게 생각한다는 사실보다, 상대가 실제로 그렇게 느끼게 만드는 행동이다. 사람은 말보다 태도를 더 오래 기억한다. 내가 어떤 단어를 썼는지보다, 내 시간을 어떻게 쓰는지, 약속을 어떻게 다루는지, 대화의 경계를 얼마나 지켜주는지를 통해 자신이 존중받고 있는지 판단한다. 존중은 추상적인 감정보다 구체적인 신호에 가깝다. 메시지 한 줄을 보낼 때도 상대의 상황을 한 번 더 고려해 단어를 고르는 일, 약속 시간보다 조금 먼저 도착해 기다리는 일, 대화 중에 울리는 전화나 알림보다 지금 내 앞의 사람을 우선하는 일은 모두 같은 메시지를 전한다. 당신은 지금 내게 중요하다는 뜻이다. 이런 행동은 작아 보이지만, 관계 안에서는 생각보다 또렷하게 읽힌다.

반대로 존중이 부족하다고 느껴지는 순간도 커다란 실수에서 오지 않는다. 반복해서 어기는 약속, 대화 중 분산되는 시선, 상대의 시간을 당연하게 여기는 태도, 설명 없이 기다리게 두는 장면처럼 아주 일상적인 순간에서 더 자주 드러난다. 사람은 이런 장면에서 "나를 어떻게 생각하는가"를 직감한다. 존중은 말로 설명하기보다, 행동으로 보여주는 편이 훨씬 분명하다.

가족 사이에서도 마찬가지이다. 아이가 무언가를 이야기할 때

건성으로 "응, 응" 하며 화면을 보는 태도는 말보다 더 선명하게 남는다. 배우자가 한 부탁을 반복해서 잊고도 "마음은 있었어"라고 말하면, 상대는 그 마음보다 행동을 먼저 기억하게 된다. 가까운 관계일수록 존중은 더 추상적인 감정이 아니라 생활 속 태도로 읽히게 된다. 존중은 상대를 얼마나 높이 평가하느냐를 선언하는 일이 아니라, 나의 시간과 주의, 약속과 경계를 어떻게 다루는지를 통해 드러나는 태도라 볼 수 있다. 그리고 사람은 바로 그 태도에서 호감을 느낀다. 존중이 감정으로만 머물지 않고 행동의 신호로 번역될 때, 관계는 훨씬 더 안정되고 깊어진다.

◇ 존중을 보여주는 네 가지 행동

존중이 행동 신호라면, 우리는 일상에서 어떤 신호를 보내고 있을까? 사람은 상대의 말보다 그 사람이 시간과 약속, 경계, 공로를 어떻게 다루는지를 통해 존중받고 있는지 판단하는 경우가 많다. 존중은 특별한 순간에만 드러나는 것이 아니라, 아주 평범한 일상의 태도 속에서 더 분명하게 나타난다. 그 중에서도 관계를 안정적으로 만드는 기준이 되는 네 가지가 있다.

첫째는 시간이다. 시간은 누구에게나 한정되어 있는 자원이다. 누군가에게 시간을 내어준다는 것은 단순한 일정 조정 이상의 의미를 갖는다. 약속 시간에 자주 늦거나, 상대를 오래 기다리게 하거나, 확인이 늦어질 것을 알면서도 아무 설명 없이 비워두는 태도는 생각보다 쉽게 무례로 읽힌다. 중요한 것은 늘 빠르게 답하는 것이 아니라, 상대를 막연한 기다림 속에 두지 않겠다는 태도다. 바로 답하기 어렵다면 "지금은 회의 중이라 늦어질 것 같습니다. 오후 두 시까지 답변 드리겠습니다."처럼 짧게라도 기준을 알려주는 편이 낫다. 사람은 속도보다 그런 태도에서 존중을 더 분명하게 느낀다.

둘째는 약속이다. 큰 약속보다 작은 약속이 더 자주 신뢰를 만든다. "나중에 한번 보자" 같은 말보다 "내일 오전까지 자료 보내 드리겠습니다" 같은 구체적인 약속을 실제로 지키는 일이 관계에서는 더 중요하게 작동한다. 사람은 반복되는 일관성을 통해 상대를 판단한다. 사소해 보여도 했던 약속을 자주 지키는 사람은 점차 믿을 수 있는 사람으로 받아들여진다. 반대로 작은 약속을 가볍게 여기기 시작하면, 관계 전체의 신뢰도 함께 흔들리기 쉽다. 존중은 특별한 이벤트보다 이런 일관된 태도에서 더 분명하게 드러난다.

셋째는 경계다. 가까운 사이라고 해서 모든 선이 사라지는 것은 아니다. 오히려 관계가 가까울수록 상대가 어디까지는 편안해하고, 어디부터는 불편해하는지를 살피는 일이 더 중요해진다. 퇴근 후 늦은 시간의 업무 연락, 원치 않는 사생활 질문, 당연한 듯 요구하는 태도는 친밀함이 아니라 침범으로 느껴질 수 있다. "우리는 친하니까 괜찮겠지"라는 판단보다 "이건 괜찮을까"를 한 번 더 생각하는 쪽이 관계를 더 오래 지킨다. 존중은 멀어지는 것이 아니라, 보이지 않는 선을 알아보고 그 앞에서 멈출 줄 아는 태도에 가깝다.

넷째는 인정이다. 존중은 상대의 기여를 보이게 만드는 방식으로도 드러난다. 특히 함께 일하는 환경에서는 누가 어떤 몫을 했는지를 정확히 드러내주는 것이 매우 중요하다. 프로젝트가 잘 끝났을 때 그 공을 혼자 가져가기보다, "김 대리가 밤늦게까지 데이터를 정리해 준 덕분입니다"라고 주어를 분명히 돌려주는 태도는 상대에게 깊은 인상을 남긴다. 집에서도 마찬가지다. 식탁이 늘 차려져 있는 것을 당연하게 여기지 않고, "오늘 저녁 준비하느라 수고 많았어"라고 말하는 태도는 관계의 온도를 다르게 만든다. 사람은 자신의 수고가 보이고 있다는 사실에서 큰 존중을 느낀다.

카네기는 인간이 누구나 인정받고 싶어 한다는 점을 여러 번 강조했다. 이 말은 존중이 감정의 문제가 아니라, 상대가 실제로 자신을 어떻게 느끼게 되는가의 문제라는 뜻이기도 하다. 시간은 상대를 우선에 두는지 보여주고, 약속은 신뢰를 증명하며, 경계는 상대의 존재를 함부로 다루지 않겠다는 태도를 드러내고, 인정은 그 사람의 기여를 보이게 만든다. 존중은 이렇게 행동으로 쌓인다.

이 네 가지는 거창한 기술이 아니다. 다만 바쁘고 익숙한 관계 속에서 가장 먼저 놓치기 쉬운 것들이기도 하다. 사람은 대단한 말보다, 자기 시간을 함부로 다루지 않고, 약속을 가볍게 여기지 않으며, 선을 지켜주고, 수고를 알아봐 주는 사람에게 더 깊은 호감을 느낀다. 존중은 상대를 어떻게 생각하는가를 말로 설명하는 일이 아니라, 내 자원을 어떻게 쓰는가로 보여주는 태도에 가깝다.

◇ 감사는 말보다 되돌려주기로 완성된다

메신저와 이메일 속에는 "감사합니다"라는 말이 넘친다. 우리는 습관처럼 고맙다고 말하고, 짧게 예의를 표현한다. 그런 말도 필요하지만 말이 너무 쉽게 오가는 환경에서는, 감사의 진심 역시 금세 가벼워질 수 있다. 누군가 큰 도움을 주었을 때도 "고맙습니다" 한마디로 끝나면, 그 마음이 오래 남지 않는 경우가 많다.

데일 카네기가 말한 인정은 상대가 그것을 실제로 느낄 수 있을 때 힘을 갖는다. 감사도 말에서 끝나기보다, 어떤 방식으로든 상대에게 가치가 되어 돌아갈 때 더 분명해진다. 상대가 내게 들인 시간과 수고, 신경과 에너지를 내가 다시 어떤 형태로 돌려줄 것인가? 감사의 깊이는 종종 바로 그 지점에서 드러난다. 그 방식은 크게 세 가지로 생각해볼 수 있다. 인정으로 되돌려주는 일, 공로가 남게 되돌려주는 일, 그리고 기회로 연결해 되돌려주는 일이다.

첫째는 인정으로 되돌려주는 것이다. 가장 인상적인 감사는 당사자 앞에서만 하는 칭찬보다, 그 사람이 없는 자리에서도 그의 이름을 분명히 언급해주는 방식일 때가 많다. "이번 정산 업무가 깔끔했던 건 김 매니저님이 끝까지 꼼꼼히 체크해주신 덕분입니다"라고 다른 동료나 상급자에게 자연스럽게 전하는 것이다. 이때 감사는 순간의 예의에 머물지 않고, 상대가 보이지 않는 자리에서도 존중받고 있다는 경험으로 남는다.

둘째는 공로가 남게 되돌려주는 것이다. 함께 만든 결과물일수록 누가 어떤 몫을 했는지를 분명히 드러내는 태도가 중요하다. 많은 성과는 여러 사람의 손을 거쳐 완성되지만, 마지막 순간에 누군가가 그 공을 혼자 가져가는 경우도 적지 않다. 진짜 감사는 결과를 설명할 때 공로의 자리를 정확히 남겨두는 방식으로 드러난다. "이 아이디어의 출발점은 이 대리의 제안이었습니다"라고 말하는 것, 발표나 보고 자리에서 실제 기여한 사람의 이름을 분명히 넣는 것이 그렇다. 이런 태도는 상대에게 단순한 고마움이 아니라, 자신의 수고가 지워지지 않았다는 확신을 준다.

셋째는 기회로 연결해 되돌려주는 것이다. 감사의 가장 깊은 형태는 상대가 앞으로 더 좋은 기회를 만날 수 있도록 문을 열어주는 일일 수 있다. 내가 받은 도움을 단지 마음속에 고맙게만 두는 것이 아니라, 다음 프로젝트나 새로운 자리, 적절한 연결 기회로 다시 이어주는 것이다. "지난번에 큰 도움을 주셔서 이번 일에도 꼭 함께하고 싶습니다"라고 제안하거나, 상대가 관심 있어 하던 역할이나 교육, 네트워크를 연결해주는 식이다. 이때 감사는 단순한 예의가 아니라, 상대의 앞날에 실제로 보탬이 되는 방식으로 바뀐다.

이 세 가지에는 공통점이 있다. 감사가 더 이상 감정 표현에 머물지 않고, 상대에게 돌아가는 구체적인 형태를 갖는다는 점이다.

자신이 베푼 선의가 그냥 흘러가 버리지 않고, 어떤 식으로든 의미 있게 남았다는 것을 느낄 때 더 깊이 연결된다. 감사는 말로 시작할 수는 있어도, 관계 안에서는 행동으로 완성되는 경우가 많다.

카네기는 『인간관계론』에서 이렇게 말했다. *"The unvarnished truth is that almost all the people you meet feel themselves superior to you in some way, and a sure way to their hearts is to let them realize in some subtle way that you recognize their importance and recognize it sincerely."* 사람은 대부분 어떤 면에서는 자신이 더 낫다고 느끼며 살아간다. 그들의 마음에 다가가는 가장 확실한 방법은, 그 중요함을 당신이 알아보고 있다는 사실을 진심으로, 그러나 지나치지 않게 전하는 것이라는 뜻이다. 그래서 감사는 단순한 예의 표현에 머물지 않는다. 상대의 수고와 가치를 실제 행동으로 되돌려줄 때, 그는 비로소 자신이 존중받고 있다고 느낀다. 존중은 마음속 호감이 아니라 시간과 약속, 경계와 인정으로 드러난다. 그리고 감사 역시 그 연장선에 있다. 사람의 호감을 얻는다는 것은 나를 돋보이게 만드는 기술이 아니라, 상대가 더 분명히 보이고 더 크게 느껴지게 만드는 기술에 가깝다. 몰입하고, 기억하고, 경청하고, 질문하고, 존중을 행동으로 옮기는 과정은 모두 그 방향을 향해 있다. 사람은 자신을 말로만 높이는 사람보다, 실제 행동으로 자신을 빛나게 해주는 사람을 더 오래 기억하게 된다.

【 2부를 지나며 】

호감은 대단한 기술에서 생기지 않는다. 오히려 사람을 어떻게 대하고 있는지가 드러나는 작고 분명한 태도에서 시작된다. 잠깐 하던 일을 멈추고 바라보는 집중, 짧아도 날을 세우지 않는 문장, 이름 뒤의 맥락을 기억하는 태도, 말을 서두르지 않고 끝까지 받아주는 자세, 상대가 중요하게 여기는 쪽으로 질문을 건네는 감각, 그리고 시간을 함부로 쓰지 않고 약속과 경계를 지키는 행동이 그렇다. 2부는 사람의 호감이 말솜씨보다 이런 신호에서 더 또렷하게 만들어진다는 사실을 보여준다. 결국 관계를 부드럽게 만드는 힘은 나를 드러내는 재주보다, 상대를 가볍게 다루지 않는 태도에 있다.

2부에서 기억할 원칙

- ✓ 호감은 먼저 집중하는 태도에서 시작된다.
- ✓ 짧은 말일수록 온기를 잃지 말아야 한다.
- ✓ 이름보다 맥락을 기억할 때 관계는 깊어진다.
- ✓ 존중은 행동에서 더 분명하게 드러난다.

3부 :

반발 없이
상대를 설득하는
열두 가지 원칙

　2부에서 우리는 경청과 몰입, 그리고 상대의 사연을 기억하며 신뢰와 호감을 쌓는 방법을 살펴보았다. 상대가 나를 안전하고 호감 가는 사람으로 느끼게 되었다면, 이제는 서로 다른 의견을 조율하고 내가 원하는 방향으로 상대를 이끌어야 할 순간이 찾아온다.

　3부에서는 오해와 갈등이 넘치는 현대의 소통 환경에서 상대를 설득하는 열두 가지 원칙을 다룬다. 끝없는 온라인 논쟁에서 정중하게 빠져나오는 법, 반박 대신 요약으로 마음의 문을 여는 기술, 실수를 회복의 기회로 바꾸는 사과의 구조, 그리고 내 아이디어를 상대의 것처럼 느끼게 만드는 공동 설계의 방식이 여기에 포함된다. 설득은 상대를 논리로 꺾는 일이 아니라, 상대가 스스로 고개를 끄덕이며 내 쪽으로 걸어오게 만드는 과정이다.

제 10 장

논쟁에서 이기려 할수록
설득에서는 멀어진다

Dale Carnegie

논쟁은 이길수록 잃기 쉽다,
끝낼 줄 아는 태도가 설득이다

◇ 논쟁이 길어지는 심리: 체면·집단·확신의 덫

디지털 공간의 논쟁은 좀처럼 끝나지 않는다. 뉴스 댓글창, 커뮤니티 게시판, SNS 타임라인만 열어봐도 누가 더 옳은지를 겨루는 말들이 쉬지 않고 오간다. 사실을 확인할 수 있는 자료는 넘치고, 근거를 찾는 속도도 예전보다 훨씬 빨라졌다. 그런데도 사람 사이의 논쟁은 줄어들지 않는다. 오히려 더 오래 이어지고, 더 쉽게 감정싸움으로 번진다. 문제는 정보의 부족이 아니라, 논쟁이 사람의 심리를 건드리는 방식에 있다.

데일 카네기는 『인간관계론』에서 아주 단호하게 말한다. *"The only way to get the best of an argument is to avoid it."* 논쟁에서 가장 좋은 결과를 얻는 유일한 방법은 그것을 피하는 것이라는 뜻이다. 이 말은 단지 싸우지 말자는 도덕적 권고가 아니다. 논쟁이 길어질수록 사람은 사실보다 다른 것을 지키려 들기 때문이다. 특히 온라인 환경에서는 체면, 집단, 확신이라는 세 가지가 논쟁을 쉽게 멈추지 못하게 만든다.

첫째는 체면의 덫이다. 온라인의 말은 기록으로 남는다. 공개된 타임라인이나 단체 채팅방, 댓글창에서 한발 물러선다는 것은 단순히 의견을 고치는 일이 아니라, 많은 사람 앞에서 체면이 구겨지는 일처럼 느껴질 수 있다. 사람은 속으로는 틀릴 수도 있다고 느끼면서도 쉽게 물러서지 못한다. 논점을 지키는 것이 아니라, 자기 모습을 지키는 쪽으로 반응하게 되는 것이다.

둘째는 집단의 덫이다. 온라인에서는 개인의 의견이 쉽게 집단의 입장으로 확대된다. 누군가와 논쟁을 벌이는 동안, 같은 생각을 가진 사람들이 댓글이나 반응으로 힘을 실어준다. 그러면 그 순간부터 논쟁은 더 이상 개인 사이의 의견 차이에 머물지 않는다. 내 말은 곧 우리 편의 말이 되고, 물러섬은 단순한 수정이 아니라 배신처럼 느껴질 수 있다. 이런 상태에서는 상대를 이해하려는 마음보다, 내 진영을 지켜야 한다는 감각이 더 강하게 작동한다.

셋째는 확신의 덫이다. 지금은 누구나 자기 입장을 뒷받침할 근거를 빠르게 찾을 수 있는 시대다. 문제는 자료가 많아질수록 사람이 더 겸손해지는 것이 아니라, 오히려 자기 확신을 더 단단히 붙드는 경우도 많다는 점이다. 내 주장에 맞는 자료와 사례만 계속 보고 있으면, 상대는 틀린 사람이 아니라 아예 말이 통하지 않는 사람처럼 보이기 쉽다. 그 순간 대화는 설득이 아니라 교정이나 심판의 형식으로 바꾸어 버린다.

이 세 가지가 겹치면 논쟁은 쉬운 문제가 아니다. 겉으로는 데이터를 놓고 다투는 것 같아도, 실제로는 체면을 지키고, 자기 확신을 방어하는 일이 된다. 논리적으로 이겼다고 해도 설득에는 실패하는 경우가 많다. 상대가 내 말에 동의해서가 아니라, 말해봤자 소용없다고 느껴 물러난 것뿐일 수도 있기 때문이다.

카네기도 같은 취지로 말한다. *"A man convinced against his will is of the same opinion still."* **자기 의사에 반해 설득당한 사람은 여전히 같은 의견에 머무른다는 뜻이다.** 설득의 첫걸음은 상대를 이겨야 한다는 유혹에서 한발 물러나는 데 있다. 논쟁을 계속하면 이길 수 있을 것 같은 순간일수록, 오히려 지금 이 대화가 사실을 향하고 있는지, 아니면 체면과 감정의 싸움으로 넘어갔는지를 먼저 봐야 한다. 온라인 논쟁에서 정말 필요한 기술은 끝까지 밀어붙이는 능력보다, 더 큰 손실이 생기기 전에 정중하게 빠져나올 줄 아는 감각에 가깝다.

◇ 정중하게 끝내는 다섯 가지 문장

논쟁이 길어질수록 더 어려워지는 것은 어떻게 이길까보다, 어떻게 멈출까에 가깝게 된다. 계속 밀어붙이면 관계가 상하고, 갑자기 입을 닫아버리면 무시하거나 회피한 것처럼 보일 수 있다. 특히 메신저나 SNS처럼 기록이 남는 환경에서는 대화를 끊는 방식 자체가 하나의 메시지가 된다. 필요한 것은 단순한 중단이 아니라, 관계를 불필요하게 해치지 않으면서도 논쟁을 끝낼 수 있는 정중한 종료의 문장이다. 데일 카네기는 상대가 틀렸다고 직접 지적하는 순간 설득의 문도 함께 닫히기 쉽다고 보았다.『인간관계론』에는 이런 원칙도 나온다. *"Show respect for the other person's opinions. Never say, 'You're wrong."* 상대의 의견을 존중하라. 절대 "당신이 틀렸다"라고 말하지 말라는 뜻이다. 그렇다면 논쟁을 끝낼 때도 상대를 꺾는 방식보다, 서로의 체면을 함께 살리면서 물러나는 방식이 더 중요해진다. 아래 다섯 가지 문장은 그런 상황에서 비교적 안전하게 대화를 매듭짓는 데 도움이 된다.

관점의 차이를 인정하며 닫기

"말씀을 듣고 보니 제가 미처 보지 못한 관점이 있네요. 서로 중요하게 보는 기준이 조금 다른 것 같습니다. 이 부분은 각자 더 생각해보고 다시 이야기하면 좋겠습니다."

이 방식은 누가 맞고 틀리냐의 구도를 기준이 다르다는 구도로 바꿔준다. 상대의 체면을 건드리지 않으면서도, 같은 자리를 맴도는 대화를 잠시 멈출 수 있게 해준다.

감정의 열기를 식히며 닫기

"저희 둘 다 이 문제에 많이 몰입해 있는 것 같습니다. 조금 차분해졌을 때 다시 이야기하는 편이 더 좋을 것 같아요."

이 문장은 상대만 감정적이라고 지적하지 않고, '우리'의 상태로 표현한다는 점에서 안전하다. 대화 중단의 이유를 감정 비난이 아니라 생산성의 문제로 돌릴 수 있어 마찰이 덜하다.

공통의 목표를 다시 확인하며 닫기

"저희가 같은 목표를 향해 가고 있다는 점은 같다고 생각합니다. 방법에서 차이가 있는 것 같으니, 이 부분은 제가 조금 더 정리해본 뒤 다시 말씀드리겠습니다."

논쟁이 세부적인 방법론에 갇힐 때는 시선을 다시 공동의 목표로 옮기는 것이 도움이 된다. 상대를 반대편 사람이 아니라, 방향은 같은데 방법이 다른 사람으로 다시 놓아주는 효과가 있다.

문제의 복잡성을 인정하며 닫기

"말씀을 나눠보니 이 문제는 생각보다 맥락이 더 복잡한 것 같습니다. 지금 바로 결론을 내리기보다 자료를 조금 더 확인하고 다시 논의하는 편이 좋겠습니다."

이 방식은 누구의 잘못이나 부족함을 먼저 말하지 않는다. 대신 문제 자체가 단순하지 않다는 점을 인정하면서, 조금 더 안전한 퇴로를 만든다. 바로 결론을 내리지 않는 것이 무책임이 아니라 신중함으로 읽히게 만드는 문장이다.

관계의 가치를 먼저 두며 닫기

"이 문제도 중요하지만, 저는 담당자님과의 관계도 그만큼 중요하게 생각합니다. 제 표현이 거칠게 들렸다면 죄송합니다. 오늘은 여기까지 정리하고, 다시 차분히 이야기 나누면 좋겠습니다."

이 문장은 논쟁의 승패보다 관계를 우선에 두겠다는 태도를 분명히 보여준다. 상대를 이겨야 할 대상이 아니라 계속 함께 가야 할 사람으로 대할 때, 대화의 분위기도 달라질 수 있다.

이 다섯 문장의 공통점은 하나다. 상대를 밀어내지 않으면서도, 더 이상의 소모를 막는다는 점이다. 정중한 종료는 지금 방법이 설득에 도움이 되지 않는다고 판단했을 때, 대화의 형태를 바꾸는 것이라 할 수 있다. 논쟁을 끝내는 일은 패배를 인정하는 것이 아니다. 오히려 더 큰 손실을 막고, 이후의 대화를 가능하게 남겨 두는 판단일 때가 많다. 중요한 것은 마지막 한마디에서도 상대의 체면과 관계의 여지를 함께 남기는 일이다. 논쟁을 잘 끝낼 줄 아는 사람은 말을 포기하는 사람이 아니라, 설득이 자랄 수 있는 자리를 지킬 줄 아는 사람에 더 가깝다.

◇ 계속할 대화와 멈출 대화를 가르는 기준

시간과 에너지는 한정되어 있는데 지금 우리의 대화 환경은 너무 쉽게 과열되고, 너무 오래 이어진다. 댓글 하나, 메시지 한 줄, 회의 중 반박 한 번이 금세 감정의 소모전으로 번지는 일도 심심치 않게 벌어진다. 중요한 것은 모든 대화에 반응하는 능력이 아니라, 어떤 대화에 에너지를 써야 하고 어떤 대화에서는 물러서야 하는지를 판단하는 감각이다.

데일 카네기는 『인간관계론』에서 이렇게 말했다. *"Nine times out of ten, an argument ends with each of the contestants more firmly convinced than ever that he is absolutely right."* 열 번 중 아홉 번의 논쟁은 서로가 자기 생각이 옳다는 확신만 더 강하게 만든 채 끝난다는 뜻이다. 지금 이 대화를 계속하는 것이 정말 의미가 있는지, 아니면 이미 소모적인 방향으로 흘렀는지를 판단하는 기준이 필요한 이유도 여기에 있다.

이 논의가 설득보다 체면 싸움으로 넘어갔는가

대화를 조금만 이어가 보면, 지금 오가는 말이 문제를 향하고 있는지 사람을 향하고 있는지 드러난다. 내 말의 요지를 이해하려 하기보다, 작은 표현 하나를 붙들고 우위를 점하려 하거나, 인정은 한 줄도 없이 반박만 이어진다면 그 순간부터 대화는 설득보다 체면을 지키는 싸움에 가까워진다. "이 논의는 지금 서로를 설득하기보다 체면을 지키려는 방향으로 흘러가고 있다"는 감각이 들면, 그때는 더 들어가기보다 멈추는 쪽이 낫다.

많은 근거가 나은 결론을 만들고 있는가, 감정만 키우고 있는가

자료와 예시를 더 꺼낼수록 대화가 선명해지는 경우가 있다. 하지만 반대로 근거가 늘어날수록 상대는 더 방어적으로 나오고, 나는 더 날카롭게 반박하게 되는 경우도 많다. 이때는 정보가 부족한 것이 아니라, 이미 감정이 앞서고 있는 것이다. 더 많은 설명이 더 나은 결론을 만들지 않고 감정만 키우고 있다면, 그 대화는 잠시 멈출 필요가 있다.

공통의 목표와 상호 존중이 아직 남아 있는가

모든 의견 충돌이 나쁜 것은 아니다. 어떤 대화는 피한다고 해결되지 않는다. 수수료 문제, 프로젝트 방향, 역할 분담처럼 함께 일하는 사람들이 정리해야 하는 문제라면, 불편하더라도 끝까지 다뤄야 할 때가 있다. 이때 중요한 판단 기준은 상대가 나를 공격하는지, 아니면 문제를 다루고 있는지의 여부다. 사람을 겨누는 말보다 상황을 겨누는 말이 오가고 있다면, 그 대화는 아직 생산적인 토론일 가능성이 있다. 불편하더라도 공통의 목표가 살아 있고, 서로를 함부로 깎아내리지 않는다면 그 대화는 견딜 가치가 있다.

상대의 목적이 진리가 아니라 승리로 기울었는가

근거나 맥락보다 말실수, 표현 하나, 작은 허점을 붙들고 계속 밀어붙인다면 그 대화는 이미 설득의 장이 아니다. 특히 익명성이 강한 온라인 커뮤니티나 사람이 많은 단체방에서는 이런 흐름이 더 쉽게 생긴다. 상대가 듣기 위해 있는 것이 아니라 이기기 위해 있는 상태라면, 거기서 더 들어가는 것은 대화라기보다 소모전에 가까워진다.

내 감정이 방어로 기울기 시작했는가

가장 놓치기 쉬운 기준은 상대가 아니라 내 안에 있다. 상대의 말을 듣기보다, 다음 반박을 어떻게 세게 나갈지만 떠오른다면 이미 대화의 결이 바뀌고 있는 것이다. 심장이 빨라지거나 목소리가 떨리고, 말의 내용보다 이기고 싶은 마음이 앞서기 시작하면 그때부터는 설득보다 방어가 대화를 끌고 가게 된다. 이런 상태에서 나온 말은 지나치게 날카롭거나, 나중에 후회할 방식으로 남기 쉽다. 감정이 올라온 것이 느껴질 때는 "이 부분은 제가 조금 정리해서 다시 말씀드리겠습니다"처럼 잠시 거리를 두는 편이 낫다. 멈추는 것은 약해서가 아니라, 대화의 질을 지키기 위한 선택일 수 있다.

중요한 것은 모든 대화에 성실하게 반응하는 사람이 되는 것이 아니다. 어떤 대화는 계속해야 하고, 어떤 대화는 멈춰야 한다. 설득은 많이 말하는 데서 생기기보다, 가치 있는 대화와 소모적인 대화를 구분하는 데서 시작되기도 한다. 상대가 무엇을 원하고 있는지, 이 대화에 공통의 목표가 남아 있는지, 더 많은 설명이 정말 도움이 되는지, 그리고 지금 내 감정이 어떤 상태인지를 함께 살필 수 있다면 불필요한 논쟁에 덜 휘말리게 된다. 리더십에서도 상대를 끝까지 몰아붙여 이기는 능력보다, 대화의 의미를 판단하고 적절한 순간에 멈추거나 이어갈 줄 아는 감각이 더 중요하다. 논쟁을 피한다는 것은 무조건 물러난다는 뜻이 아니다. 지금 이어갈 대화인지, 여기서 접어야 할 대화인지를 가려내는 절제가 더 본질에 가깝다. 설득은 말의 힘만이 아니라, 어디까지 말하고 어디서 멈출지를 아는 판단력 위에서 더 잘 작동한다.

제 11 장

반박하기 전
상대의 말을 먼저 요약하라

설득은 반박보다 요약에서 문이 열린다

◇ 반박이 닫는 것, 요약이 여는 것

우리 생활에서 대화는 너무 빠르게 진행된다. 메신저에서는 메시지가 올라오자마자 답이 붙고, 회의에서는 상대의 말이 끝나기도 전에 반론이 준비된다. 우리는 상대의 논리적 빈틈을 빨리 발견하고, 더 정확한 정보나 더 정교한 표현으로 곧바로 대응하는 데 익숙해져 있다. 누군가의 말을 들을 때도 끝까지 이해하려 하기보다, 어디서 반박할지를 먼저 찾는 습관이 생기기 쉽다. 하지만 사람 사이의 설득은 그렇게 잘 열리지 않는다. 상대의 말이 끝나기도 전에 "그게 아니라", "사실은 이런 것이다"라고 들어가면, 대화는 금방 내용의 싸움처럼 보이기 시작한다. 반박이 빠를수록 내 논리는 선명해질 수 있지만, 상대의 마음은 더 빨리 닫히는 경우가 많다. 사람은 내 말이 틀렸다는 신호를 받는 순간, 이해받고 있다고 느끼기보다 방어해야 한다고 느끼기 쉽기 때문이다.

데일 카네기는 상대를 설득하려면 먼저 그 사람의 관점에서 사물을 보려는 태도가 필요하다고 말했다. *"Try honestly to see things from the other person's point of view."* **상대의 관점에서 사물을 진심으로 보려 하라는 뜻이다.** 설득은 누가 더 정확한가를 겨루는 일이 아니라, 상대가 내 말을 들을 수 있는 상태를 만드는 일에 더 가깝다. 그리고 그 상태는 반박보다 요약에서 시작된다. 요약은 "내가 당신 말을 이렇게 이해했다"는 신호를 보내는 방식이다. 이 한마디가 들어가면 대화의 결이 달라진다. 상대는 적어도 지금 이 순간, 자신이 공격받고 있는 것이 아니라 이해받고 있다고 느낄 수 있기 때문이다.

이사 문제를 두고 망설이는 사람이 있다고 해보자. "지금 안 가면 더 늦는다"거나 "대출은 다들 그렇게 받는다"라고 말하는 대신 이렇게 정리할 수 있다.

"그러니까 걱정하는 건, 이사를 가면 출퇴근은 편해질 수 있지만 대출 부담 때문에 앞으로 마음이 너무 조급해질까 봐 망설여진다는 거지? 내가 제대로 이해한 게 맞아?"

이 문장은 아직 설득하지 않지만 설득이 가능해질 수 있는 자리를 만든다. 상대는 자신의 고민이 왜곡되지 않고 전달되었다는 느낌을 받고, 그때부터 대화 안에 조금 더 머물 수 있게 된다. 여기서 중요한 것은 단순히 말을 따라 반복하는 일이 아니다. 상대의 논리만이 아니라, 그 말에 담긴 걱정과 우선순위까지 함께 정리해주는 것이다. 그리고 마지막에 "내가 제대로 이해한 게 맞아?"라고 확인을 붙이면, 대화의 주도권도 상대에게 다시 남겨둘 수 있다. 이 질문은 내가 결론을 던지는 사람이 아니라, 이해를 맞춰가려는 사람이라는 인상을 준다.

반박은 대화를 빠르게 갈라놓지만, 요약은 대화를 조금 더 이어갈 수 있게 만든다. 상대의 말을 정리해주고, 그것이 맞는지 다시 확인하는 순간 사람은 방어를 조금 늦춘다. 설득은 바로 그 틈에서 시작된다. 중요한 것은 내가 얼마나 빨리 맞는 말을 하느냐보다, 상대가 먼저 "이 사람은 내 말을 제대로 들었구나"라고 느끼게 만드는 일이다.

◇ 요약-확인의 세 단계: 사실 → 감정 → 의도

요약은 단순히 말을 줄여 정리하는 일이 아니다. 사람 사이의 대화에서 요약은 "내가 당신의 말을 어디까지 이해했는가"를 보여주는 방식에 가깝다. 좋은 요약은 사실만 옮겨 적는 데서 멈추지 않는다. 상대가 무엇을 말했는지뿐만 아니라, 그때 어떤 감정으로 말하고 있었는지, 왜 그 문제를 중요하게 여기고 있는지까지 함께 짚어줄 때 비로소 대화의 문이 열린다.

이때 도움이 되는 것이 사실, 감정, 의도의 세 단계이다. 먼저 겉으로 드러난 내용을 정확히 정리하고, 그 다음 감정의 결을 짚고, 마지막으로 그 사람의 의도나 가치까지 연결해보는 것이다.

첫째는 사실이다. 가장 먼저 해야 할 일은 상대가 말한 객관적인 내용을 왜곡 없이 되돌려주는 것이다. 여기서는 내 판단이나 반론을 섞지 않는 것이 중요하다.

"예고 없이 방역 작업이 진행되면서 운영 중인 객실에서 세 건의 컴플레인이 들어왔다는 말씀이시죠?"

이 단계의 핵심은 정확성이다. 요약의 첫걸음은 일단 같은 사실을 보고 있다는 감각을 만드는 데 있다.

둘째는 감정이다. 사실만 정확히 짚는다고 해서 상대가 곧바로 마음을 여는 것은 아니다. 사람은 자기 말의 내용만이 아니라, 그 말에 실린 감정까지 이해받았다고 느낄 때 안심한다.

"갑작스러운 상황이라 현장에서도 많이 당황하셨겠고, 팀장님 입장에서도 꽤 속상하셨을 것 같습니다."

중요한 것은 과장된 위로나 해석이 아니라, 지금 들리는 감정의 결을 조심스럽게 짚어주는 일이다.

셋째는 의도이다. 여기서 한 걸음 더 들어가면, 상대가 왜 이 문제를 이렇게 말하고 있는지를 짚을 수 있다. 많은 경우 거친 말이나 강한 반응 뒤에는 그 사람이 지키고 싶은 가치가 숨어 있다.

"가장 걱정하시는 건 이번 일 자체보다, 서비스의 신뢰가 흔들리는 상황을 막아야 한다는 점인 거죠?"

이 단계는 상대의 반응을 단순한 불만으로 보지 않고, 그 안에 있는 우선순위와 의도를 읽어주는 과정이다. 이 세 단계가 중요한 이유는 순서에 있다. 사실을 건너뛰고 바로 감정으로 들어가면 뜬금없어질 수 있고, 감정을 건너뛴 채 곧바로 의도로 올라가면 너무 빠르게 해석하는 인상을 줄 수 있다. 반대로 사실에서 시작해 감정으로 옮기고, 마지막에 의도를 확인하면 대화는 훨씬 자연스럽게 깊어진다. "이번 일정 조정 때문에 현장이 완전히 꼬였습니다"라는 말이 나오면, "일정 변경 때문에 실제 운영에 차질이 생겼다는 말씀이시군요"라고 사실을 정리하고, "현장 대응까지 겹치면서 많이 부담스러우셨겠네요"라고 감정을 짚고, "가장 걱정하시는 건 현장이 흔들리면서 전체 신뢰가 떨어지는 부분인 거죠?"라고 의도를 확인하는 식이다.

중요한 것은 여기서 해결책을 서두르지 않는 것이다. 이 장의 역할은 아직 정리하거나 결정하는 데 있지 않다. 상대가 "맞아요, 제 말이 그겁니다"라고 말할 수 있게 만드는 데 있다. 사실을 듣고, 감정을 받아주며, 그 말의 의도까지 확인해주는 요약은 대화의 공기를 바꾼다. 요약-확인은 합의의 기술이 아니라, 방어를 낮추고 설득이 들어갈 자리를 만드는 진입 기술이다.

◇ "제가 이해한 게 맞나요?"라는 확인의 힘

상대의 말을 정리한 뒤 "제가 이해한 게 맞나요?"라고 묻는 일은 단순한 확인이 아니다. 이 질문은 내가 당신의 말을 내 방식대로 재단하지 않고, 마지막 의미는 당신이 결정하도록 남겨두겠다는 태도에 가깝다. 이 한마디는 대화의 마침표가 아니라, 설득의 문을 여는 가장 조심스러운 문장이 된다. 사람은 자기 말이 들렸는지만큼, 왜곡되지 않았는지도 중요하게 느낀다. 요약만 하고 끝내면 상대는 "내 말을 당신 식으로 정리했구나"라고 느낄 수 있다. 하지만 "제가 이해한 게 맞나요?"라고 묻는 순간 분위기가 달라진다. 상대는 내 말의 최종 의미를 내가 아니라 자신이 결정할 수 있다고 느낀다. 바로 그 지점에서 방어는 조금 늦춰지고, 대화는 반박보다 확인의 흐름으로 옮겨간다.

이 질문이 힘을 갖는 이유는 세 가지다.

첫째, 상대의 말이 안전하게 도착했다는 안심을 준다.

둘째, 내가 이해한 내용이 맞는지 상대가 직접 수정하고 보완할 수 있게 해준다.

셋째, 내 주장보다 상대의 설명이 먼저라는 인상을 남긴다.

설득은 여기서부터 가능해진다. 이 기술은 업무 지시, 불만 제기, 아이디어 회의, 메신저 확인처럼 다양한 장면에서 쓸 수 있다. 다만 상황에 따라 요약의 무게중심은 달라져야 한다. 어떤 경우에는 사실을 정확히 정리하는 것이 중요하고, 어떤 경우에는 감정을 먼저 받아주는 것이 더 중요하다. 또 어떤 경우에는 상대가 지키고 싶은 의도까지 짚어주어야 한다.

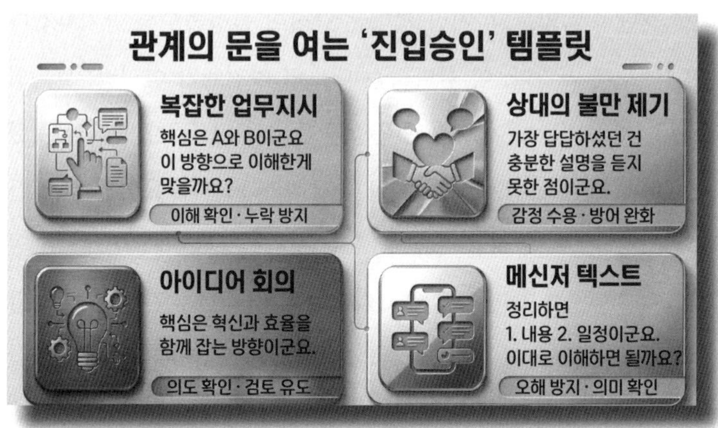

중요한 것은 외워서 기계적으로 쓰는 것이 아니라, 이 흐름을 몸에 익히는 일이다. 다만 이 질문도 잘못 쓰면 확인이 아니라 압박처럼 들릴 수 있기 때문에 가장 먼저 주의할 점은 상대의 말을 내게 유리한 방향으로 축소하거나 비틀어 요약하지 않는 것이다. 좋은 요약은 상대의 말을 내 논리로 바꾸는 것이 아니라, 그 사람의 의도에 가깝게 되돌려주는 데 있으며 말투도 중요하다. "제가 이해한 게 맞나요?"라는 문장 자체보다, 그것을 어떤 태도로 건네는지가 더 크게 작용하게 된다. 캐묻듯이 말하면 확인이 아니라 시험처럼 들릴 수 있지만 반대로 정말로 맞게 이해하고 싶은 사람의 표정과 톤으로 묻는다면, 같은 문장도 전혀 다르게 받아들여진다. 이 질문은 문장 기술이기 전에 태도의 기술이다.

무엇보다 이 단계에서는 내 결론을 섞지 않는 편이 좋다. "말씀

112

은 이해했는데 제 생각은 이렇습니다"를 너무 빨리 붙이면, 확인은 형식만 남고 실제로는 반박이 되어버린다. 순서는 분명해야 한다. 먼저 상대의 말을 정리하고, 그것이 맞는지 확인하고, 그 다음에 내 의견을 꺼내는 것이다. 이 순서가 지켜질 때 상대는 내가 자신을 설득하기 전에 먼저 이해하려 했다고 느낀다. "제가 이해한 게 맞나요?"라는 질문은 짧지만 강한 역할을 한다. 이 한마디는 내가 당신을 이기려는 사람이 아니라, 먼저 당신의 말을 정확히 받아적으려는 사람이라는 신호를 보낸다.

좋은 설득은 주장으로 시작되지 않으며, 먼저 이해를 확인하는 문장으로 시작된다. 그리고 이 확인은 합의를 완성하는 마지막 기술이 아니라, 상대의 방어를 낮추고 다음 대화가 가능해지게 만드는 첫 다리이다. 상대가 "네, 제 말이 그겁니다"라고 답하는 순간, 그때 비로소 설득이 들어갈 문도 다시 열린다.

제 12 장

실수를 빠르게 인정할수록
신뢰의 속도는 빨라진다

실수보다 회피가 신뢰를 무너뜨리고, 인정이 회복의 문을 연다

◇ 신뢰를 무너뜨리는 것은 실수가 아니라 회피다

사람은 누구나 실수한다. 그런데도 많은 사람은 실수 그 자체보다, 실수한 사실이 드러나는 순간을 더 두려워한다. 특히 요즘처럼 결과가 빠르게 기록되고 비교되는 환경에서는 더 그렇다. 작은 오류 하나도 능력 부족처럼 느껴지고, 잘못을 인정하는 일은 곧 내 평가가 깎이는 일처럼 받아들이기 쉽다. 사람은 실수를 알게 되는 순간 먼저 해결보다 숨길 방법을 찾거나, 설명을 덧붙이거나, 책임을 분산시킬 길을 찾게 된다. 하지만 관계 안에서 신뢰를 무너뜨리는 것은 실수 그 자체가 아니라 그 다음에 따라오는 회피의 태도다. 사람들은 내 실수가 전혀 없기를 기대하기보다, 문제가 생겼을 때 내가 어떤 태도를 보이는지를 더 유심히 본다. 바로 그 지점에서 믿을 수 있는 사람인지 아닌지가 갈리기 때문이다.

데일 카네기는 『인간관계론』에서 이렇게 말했다. *"If you are*

wrong, admit it quickly and emphatically." 자신이 틀렸다면 머뭇거리거나 둘러대지 말고, **빠르고 분명하게 인정하라는 뜻이다.** 이 원칙은 지금처럼 기록이 남고 책임의 흔적이 쉽게 추적되는 환경에서 더욱 중요해졌다. 문제가 생겼을 때 변명부터 내세우면, 상대는 실수의 크기보다 그 사람의 태도부터 판단하게 된다. "상황이 어쩔 수 없었습니다", "전달 과정에 오해가 있었던 것 같습니다" 같은 말은 사실관계를 설명하는 것처럼 들릴 수 있지만, 듣는 쪽에서는 책임을 흐리는 신호로 받아들여질 수 있다.

그 순간 상대가 느끼는 것은 분노 뿐 아니라 불안을 느끼게 된다. 이 사람이 다음에도 같은 상황에서 문제가 생기면 또 설명 뒤로 숨지 않을까 하는 의심이 생긴다. 신뢰는 실수 때문에 흔들리고, 회피 때문에 더 크게 무너진다. 사람은 완벽한 사람보다, 문제가 생겼을 때 책임 있게 반응하는 사람을 더 믿는다. 반대로 실수를 빠르게 인정하면 대화의 방향은 의외로 크게 달라진다. "제 실수입니다. 제가 놓쳤습니다"라고 먼저 말하는 순간, 상대는 적어도 지금 이 사람이 문제를 흐리지는 않겠구나 하고 느끼게 된다. 말 한마디가 잘못을 없애주지는 못하지만 문제를 함께 수습할 수 있는 토대를 만든다. 상대가 가장 답답해하는 것은 실수 자체보다, 그 실수를 두고도 같은 자리에서 빙빙 도는 태도이기 때문이다.

이 원리는 일에서만 작동하지 않는다. 아이에게 "내가 아까 너무 급하게 말했구나. 그건 내 잘못이야"라고 말할 때도, 배우자에게 "그 일은 내가 잊었어. 변명할 일이 아니라 내 책임이야"라고 말할 때도 분위기는 달라진다. 사람은 잘못이 없어서가 아니라, 잘못 앞에서 숨지 않는 태도에서 신뢰를 느낀다.

신뢰는 무결점에서 생기기보다, 투명한 책임감에서 생기는 경우가 많다. 실수하지 않는 사람이어서가 아니라, 실수 앞에서 숨지 않는 사람이라는 인상이 더 오래 남는다. 오히려 실수를 빠르게 인정하는 태도는 내가 체면보다 관계를, 변명보다 회복을 더 중요하게 여긴다는 신호가 될 수 있다. 문제는 누구나 틀릴 수 있다는 사실이 아니다. 더 중요한 것은 틀렸을 때 무엇을 먼저 선택하느냐다. 변명을 고를 것인가, 인정부터 할 것인가? 실수는 관계를 흔들 수 있지만, 회피는 신뢰를 더 깊게 흔든다. 반대로 인정은 문제를 곧바로 해결하지는 못해도, 적어도 회복이 시작될 수 있는 자리를 만든다. 신뢰는 바로 그 자리에서 다시 자라기 시작한다.

◇ 인정의 네 가지 요소: 사실·영향·책임·다음 행동

단순히 "죄송합니다"라고 말하는 것만으로는 사과가 충분히 완성되지 않는 경우가 많다. 특히 일과 책임이 오가는 관계에서는, 무엇이 잘못되었는지, 상대에게 어떤 영향을 주었는지, 그리고 이후에 무엇을 하려는지가 함께 보여야 비로소 사과가 힘을 갖는다. 좋은 사과에는 구조가 필요하며 감정적으로 무겁게 말하는 것보다, 사실·영향·책임·다음 행동이라는 네 가지를 분명히 갖추는 편이 더 신뢰를 만든다. 이 네 가지가 들어가면 사과는 단순한 미안함의 표시를 넘어, 회복을 시작하는 언어가 된다.

첫째는 사실이다. 무엇이 잘못되었는지를 먼저 분명하게 말해야 한다. 이때 중요한 것은 변명보다 상황의 핵심을 정확히 짚는 일이다. "어제 정산 마감 과정에서 제가 최종 검토를 놓쳐 데이터 입력 오류가 발생했고, 그 결과 오늘 예정된 입금이 실행되지 않았습니다"처럼 말하는 것이다. 사람은 문제가 생겼을 때 가장 먼저 상대가 상황을 제대로 파악하고 있는지 확인하려 한다. 좋은 사과는 흐릿한 표현보다 정확한 사실에서 시작된다.

둘째는 영향이다. 내 실수가 상대에게 어떤 불편과 부담을 주었는지를 짚어주는 단계다. 보통 잘못은 인정하지만, 그로 인해 상대가 무엇을 겪었는지까지는 말하지 않기 때문에 사과의 느낌이 약해진다. "입금이 지연되면서 귀사 자금 운영에도 차질이 생겼을 수 있고, 담당자님께서 곤란한 상황이 되었을 것 같습니다"라고 말해보자. 이 단계는 단순한 설명이 아니라, 상대의 입장을 내 언어로 먼저 인정해주는 과정이다. 사람은 자기 피해가 보이고 있다고 느낄 때 비로소 사과를 사과로 받아들이기 시작한다.

셋째는 책임이다. 여기서는 책임의 주어를 흐리지 않는 것이 중요하다. "전달 과정에 다소 혼선이 있었지만, 최종 확인 책임은 제게 있었습니다"처럼 말하는 방식이 좋다. 많은 사람이 이 단계에서 상황 설명을 길게 하다가, 실제 책임의 무게를 분산시킨다. 하지만 사과가 힘을 가지려면 누구의 몫인지가 분명해야 한다. 사람은 완벽한 사람보다, 책임을 피하지 않는 사람을 더 믿는다. 좋은 사과는 내 억울함보다 내 책임을 먼저 세운다.

넷째는 다음 행동이다. 이 단계가 있어야 사과는 회복으로 이어진다. "앞으로 조심하겠습니다" 같은 말은 다소 부족하다. 신뢰는 다짐보다 구체적인 조치에서 회복되기 때문이다. "지금 바로 처리하고, 입금 확인증을 보내드리겠습니다. 이후로는 이틀전에 미리 체크하겠습니다."처럼 말하는 것이다. 이는 단지 수습만이 아닌, 같은 문제가 반복되지 않도록 하겠다는 의지를 보여준다

이 네 가지를 한 흐름으로 묶으면 사과의 결이 달라진다. 무엇이 잘못되었는지 말하고, 상대에게 어떤 영향을 주었는지 짚고, 책임이 누구에게 있는지 분명히 하고, 무엇을 할 것인지 보여주는 것이다. 이 순서가 갖춰질 때 사과는 관계를 다시 세우는 행동이 된다.

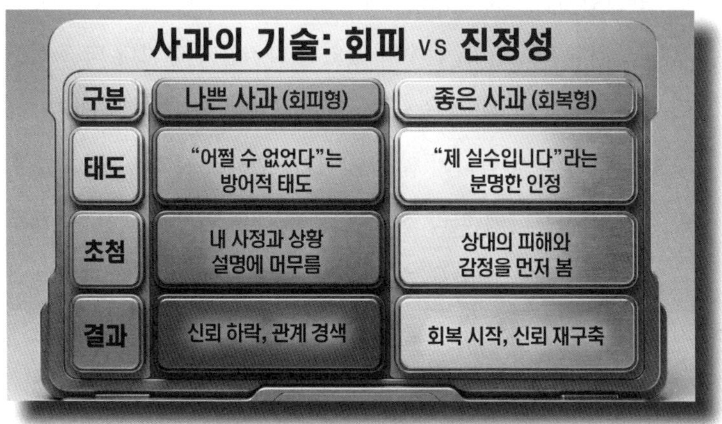

데일 카네기는 자신을 먼저 비판하는 편이 타인의 비판을 듣는 것보다 낫다고 보았다. 이 말은 실수를 빨리 인정하는 태도가 단지 겸손의 문제가 아니라는 뜻이기도 하다. 오히려 그것은 관계를 더 오래 지키기 위한 현실적인 선택에 가깝다. 좋은 사과는 나를 작게 만드는 말이 아니라, 문제가 생겼을 때도 끝까지 책임질 수 있는 사람이라는 인상을 남긴다. 실수는 누구나 할 수 있지만, 그 뒤를 어떻게 이어가느냐에 따라 신뢰의 방향은 크게 달라진다.

◇ 사과를 '플러스'로 바꾸는 세 가지 후속 설계

좋은 사과는 문제를 덮는 말이 아니라, 회복의 출발점이 된다. 하지만 신뢰는 사과 한마디만으로 완전히 돌아오지 않는 경우가 많다. 상대는 사과의 진정성만 듣는 것이 아니라, 그 다음에 어떤 행동이 따라오는지를 함께 본다. 관계를 회복하는 사람과, 오히려 더 깊은 신뢰를 얻는 사람의 차이는 사과 직후가 아니라 사과 이후에 드러나기도 한다. 실수가 있었던 자리는 원래보다 더 조심스럽게 다뤄야 한다. 이때 중요한 것은 "다시는 안 그러겠습니다"라고 다짐하는 데서 끝나지 않는 것이다. 오히려 사과 뒤에 어떤 후속 행동을 하느냐에 따라 상대는 전혀 다른 인상을 받는다. 잘못을 수습한 사람으로 남을 수도 있고, 문제가 생겨도 끝까지 책임지는 사람으로 기억될 수도 있다. 그 차이를 만드는 방식은 크게 세 가지다. 먼저 묻기, 조금 더 해주기, 그리고 먼저 보여주기다.

첫째는 먼저 묻기다. 문제가 해결된 뒤 며칠이나 일주일 정도가 지났을 때, 상대가 다시 말하기 전에 먼저 확인하는 것이다. "지난번 정산 건은 잘 마무리되었는지요? 제가 더 챙겨야 할 부분이 있는지 궁금해 연락드렸습니다"처럼 말할 수 있다. 이 한 번의 확인은 생각보다 크다. 상대는 그 일을 불편한 사고로만 처리한 것이 아니라, 아직 끝나지 않은 관계의 문제로 보고 있다고 느끼게 된다. 먼저 묻는 행동은 책임이 아직 남아 있다는 태도를 보여준다.

둘째는 조금 더 해주기다. 실수로 상대가 시간을 잃었거나 마음을 소모했다면, 그것을 보완할 수 있는 추가 행동을 붙이는 것이다. 지연된 자료를 보내며 "기다리게 해드린 점이 마음에 걸려, 추가로 향후 3개월 예측 자료도 함께 정리했습니다"라고 말하는 식이다. 집에서도 약속을 어겼다면 미안하다는 말만 할 것이 아니라, 다음 일정은 내가 먼저 챙기겠다고 실제 행동으로 보여줄 수 있다. 여기서 중요한 것은 과한 보상이 아니라, 내가 미안함을 말로만 두지 않고 실제 수고로 바꾸고 있다는 사실이다. 사람은 자신을 위해 한 걸음 더 움직여준 사람의 태도를 오래 기억한다.

셋째는 먼저 보여주기다. 한 번 문제가 있었던 부분일수록, 상대가 다시 묻기 전에 진행 상황을 먼저 공유하는 것이 중요하다. "같은 혼선을 막기 위해 앞으로는 매주 금요일 오후에 진행 상황을 먼저 정리해 보내드리겠습니다"라고 알리는 것이다. 이런 방식은 단순히 성실해 보이는 차원을 넘어, 상대가 가질 수 있는 불안을 미리 차단해 준다. 사람은 문제가 반복되지 않을 것이라는 막연한 약속보다, 예측 가능한 방식이 생겼다는 사실에서 더 크게 안심한다.

이 세 가지를 한 흐름으로 보면 같다. 사과가 과거의 잘못을 수습하는 말이라면, 후속 행동은 미래의 신뢰를 다시 설계하는 행동이다. 먼저 묻는 것은 관계를 끝까지 챙기겠다는 뜻이고, 조금 더 해주는 것은 미안함을 수고로 바꾼다는 뜻이며, 먼저 보여주는 것은 불안을 예측 가능한 구조로 바꾼다는 뜻이다.

구분	일반적인 사과 (방어적 태도)	후속 신뢰 행동 (전략적 태도)
목표	상황 수습과 비난 피하기	관계 회복과 신뢰 더하기
메시지	"다시는 안 그럴게요"	"당신을 위해 더 챙기고 있습니다"
인상	겨우 수습했네	실수 뒤에 더 믿음이 간다

사람은 실수를 하지 않는 사람보다, 실수 뒤에 어떻게 행동하는지를 통해 더 오래 기억된다. 사과는 잘못을 지우는 말이 아니라, 이후의 태도를 통해 다시 믿을 수 있는 사람임을 보여주는 기회가 될 수 있다. 신뢰는 사과에서 끝나지 않는다. 사과 뒤에 붙는 작은 후속 행동들 속에서, 오히려 더 단단해지기도 한다.

제 13 장

우호적인 첫마디가
어려운 대화의 문을 연다

Dale Carnegie

내용보다 첫마디의 온도가 대화의 방향을 정한다

◇ 첫 문장이 갈등을 키우거나 줄인다

일에서는 대화가 빠르게 시작되는 경우가 많다. 회의하자마자 본론으로 들어가고, 질문도 곧바로 핵심만 던진다. "리포트 언제 나오나요?", "정산 내역 확인 부탁드립니다", "왜 일정이 밀렸죠?" 같은 문장은 정보만 놓고 보면 충분히 명확하다. 많은 사람은 이런 식의 시작을 효율적이라고 여긴다. 하지만 사람 사이의 대화는 정보만으로 움직이지 않는다. 특히 첫 문장은 내용을 전달하기 전에 이미 대화의 온도를 정해버리는 경우가 많다.

데일 카네기는 상대가 내 말을 따르기를 바란다면, 먼저 내가 적이 아니라는 확신부터 주어야 한다고 보았다. 『인간관계론』에는 이런 문장이 나온다. *"Begin in a friendly way."* 우호적으로 시작하라는 뜻이다. 이 말은 지금처럼 짧은 메시지와 빠른 업무 대화가 일상이 된 환경에서 더 중요해진다. 사람은 본론보다 먼저, 이 말이 어떤 태도로 시작되었는지를 읽는다. 첫 문장이 차갑고 날카로우면 그 다음 내용이 아무리 타당해도 방어적으로 받아들이기 쉽고, 반대로 첫 문장이 우호적으로 시작되면 불편한 내용도 조금 더 들을 여지가 생긴다.

갈등은 사실관계의 차이에서만 커지지 않는다. 대화가 시작되는 첫 순간 더 커지는 경우도 많다. 실수가 있었던 팀원에게 곧바로 "이건 왜 이렇게 됐어요?"라고 묻는 것과, "이번 일정 맞추시느라 고생 많으셨죠. 몇 가지 같이 확인하고 싶은 부분이 있어서요"라고 시작하는 것은 전혀 다른 인상을 남긴다. 두 문장 모두 문제를 말하려는 것이지만, 앞의 문장은 상대를 바로 방어 상태로 몰아넣고, 뒤의 문장은 적어도 대화를 이어갈 수 있는 여지를 남긴다. 집에서도 비슷하다. 아이에게 "왜 또 방을 이렇게 해놨니?"라고 시작하면 그 다음 말은 훈계로 들리기 쉽다. "오늘 좀 피곤했나 보다. 그래도 자기 전에 같이 이것만 정리해보자"라고 시작하면 같은 내용도 훨씬 다르게 받아들여진다. 배우자에게도 "당신은 맨날 이런 식이야"보다 "이 얘기는 그냥 넘기면 더 쌓일 것 같아서 차분할 때 말해보고 싶었어"가 대화의 방향을 바꾼다.

중요한 것은 첫마디가 곧바로 문제를 덮어주는 것이 아니라는 점이다. 우호적인 시작은 내용을 부드럽게 만들기 위한 장식이 아니다. 오히려 내가 말하려는 핵심이 제대로 전달되도록, 대화의 공기를 먼저 정돈하는 역할에 가깝다. 사람은 자기를 몰아붙이려는 말에는 반사적으로 움츠러들고, 함께 풀어보자는 말에는 조금 더 귀를 열게 된다. 첫마디는 본론 앞에 붙는 형식적인 인사말이 아니라, 대화 전체의 흐름을 정하는 출발점이 된다. 이것은 착하게 말하라는 도덕적 권고와도 다르다. 내가 원하는 방향으로 대화를 끌고 가기 위해서도, 상대가 처음부터 방어하지 않도록 시작하는 편이 훨씬 효과적이다. 처음 한 문장이 거칠면 그 뒤로는 설명을 더 많이 해야 하고, 오해를 더 오래 풀어야 하며, 감정까지 함께 수습해야 한다. 반대로 첫마디가 부드러우면 같은 내용도 훨씬 덜 소모적으로 다룰 수 있다.

첫 문장은 단순한 도입이 아니다. 그것은 내가 지금 무엇을 말할 것인가 이전에, 어떤 관계의 톤으로 이 대화를 열 것인가를 먼저 보여준다. 첫마디의 목적은 내 불만을 빠르게 전달하는 데 있지 않다. 상대가 이 대화를 버티고 들어올 수 있게 만드는 데 있다. 설득은 논리를 꺼내는 순간이 아니라, 첫마디로 상대가 내 말을 들을 수 있는 상태를 만드는 순간부터 시작된다고 볼 수 있다. 첫 문장이 우호적이면 대화는 해결 쪽으로 움직일 가능성이 커지고, 첫 문장이 날카로우면 같은 내용도 갈등의 방향으로 기울기 쉽다. 차이는 생각보다 여기서 먼저 벌어진다.

◇ 지적 대신 공감으로 여는 시작 멘트 일곱 가지

문제를 바로잡아야 하거나 불편한 요청을 꺼내야 할 때 사람은 쉽게 본론부터 말하고 싶어진다. 빨리 핵심으로 들어가는 것이 효율적이라고 느끼기 때문이다. 하지만 사람 사이의 대화에서는 그 빠른 본론이 곧장 공격처럼 들리는 경우가 많다. 설득이 필요한 순간일수록 무엇을 말할 것인가보다, 어떻게 시작할 것인가가 더 중요해진다. 좋은 시작은 상대를 무장 해제시키기 위한 과장된 친절이 아니다. 오히려 지금 이 대화를 적대가 아니라 협력의 방향으로 열고 싶다는 신호라 볼 수 있다. 아래의 문장들은 그런 상황에서 비교적 자연스럽게 꺼낼 수 있는 시작 문장들이다.

업무 지연이나 실수를 꺼내야 할 때

"요즘 업무가 많이 몰려 있으시죠. 그런 와중에 A건은 한번 같이 확인해보고 싶어서 연락드렸습니다."

상대를 게으르거나 무책임한 사람으로 놓지 않는다. 상황의 부담을 인정해주면, 그 뒤의 지적도 덜 공격적으로 들릴 수 있다.

제안을 수정하거나 일부를 거절해야 할 때

"보내주신 제안서에서 B 부분은 특히 좋았습니다. 그 방향을 살리면서 한 가지 정도만 더 조율해보면 좋겠습니다."

상대의 작업 전체를 밀어내지 않고, 장점을 먼저 짚는다. 수정 제안도 부정보다 보완처럼 받아들여질 가능성이 커진다.

책임 소재가 분명하지 않은 오류를 확인할 때

"제가 혹시 놓친 부분이 있을까 봐 먼저 여쭤봅니다. C 데이터가 제가 이해한 내용과 조금 달라서 같이 확인해볼 수 있을까요?"

상대를 범인처럼 세우지 않는다. "당신이 틀렸다"가 아닌 "같이 확인하자"는 방식으로 들어가면 체면을 덜 건드릴 수 있다.

무리한 부탁이나 협조를 구해야 할 때

"이 부분은 팀장님 의견이 들어가야 방향이 훨씬 선명해질 것 같습니다. 가능하시다면 짧게라도 한번 봐주실 수 있을까요?"

상대의 전문성이 실제로 도움이 된다는 점을 먼저 짚으면, 부탁이 일방적인 요청이 아니라 필요한 협조로 들린다.

늦어진 답장이나 피드백을 다시 요청할 때

"워낙 챙기시는 일이 많으셔서 제 메시지가 뒤로 밀렸을 것 같습니다. 괜찮으실 때 D건 한 번만 다시 봐주실 수 있을까요?"

이는 재촉의 톤을 줄이고, 상대를 무성의한 사람이 아니라 바쁜 사람으로 대한다. 답을 재촉하면서도 관계의 마찰은 피할 수 있다.

갈등이 예상되는 어려운 대화를 시작할 때

"이 부분은 서로 보는 관점이 다를 수 있겠지만, 같은 문제를 보고 있다는 점은 같다고 생각합니다."

처음부터 대립 구도로 들어가지 않게 해준다. 의견 차이를 부정하지 않으면서도, 대화를 공동의 문제 위에 두는 방식이다.

개인적인 부탁이나 사과를 꺼내야 할 때

"늘 제 이야기를 성의 있게 들어주셔서 감사합니다. 이번에도 조심스럽지만 먼저 말씀드리고 싶었습니다."

지금의 대화를 고립된 한 번의 요청으로 만들지 않는다. 그동안 쌓여온 관계의 결을 함께 불러오면서, 부탁이나 사과가 조금 더 부드럽게 닿게 만든다.

이 문장들의 공통점은 하나다. 문제를 늦추는 것이 아니라, 문제를 다룰 수 있는 분위기를 먼저 만든다는 점이다. 사람은 지적을 듣기 전에 먼저 내가 어떤 사람으로 다뤄지고 있는지를 본다. 첫마디에서 공격받는 느낌이 들면 내용이 맞아도 닫히고, 반대로 존중받는 느낌이 들면 불편한 내용도 조금 더 들을 수 있게 된다.

좋은 시작은 화려한 말재주가 아니다. 상대가 방어부터 하지 않도록 대화의 공기를 먼저 정돈하는 일에 가깝다. 지적이 필요한 순간일수록 더 부드럽게 시작해야 하는 이유도 여기에 있다. 첫 문장이 우호적이면 같은 내용도 협의가 되고, 첫 문장이 날카로우면 같은 내용도 대립이 되기 쉽다. 차이는 생각보다 시작에서 먼저 결정된다.

◇ 어려운 대화 전, 톤을 잡는 한 문장

항상 가볍고 편한 이야기만 할 수는 없다. 일에서는 예산 삭감,

계약 종료, 불편한 피드백처럼 상대에게 부담이 되는 말을 해야 하는 순간이 반드시 온다. 이때 많은 사람이 두 가지 실수를 하는데 하나는 미안한 마음에 본론을 계속 미루며 빙빙 도는 것이고, 다른 하나는 긴장한 나머지 핵심부터 차갑게 꺼내는 것이다. 두 방식 모두 대화를 더 어렵게 만들 수 있다. 어려운 대화일수록 필요한 것은 본론 이전에 대화의 방향을 먼저 알려주는 한 문장이다. 이 문장은 "나는 지금 당신을 몰아붙이려는 것이 아니라, 이 문제를 함께 잘 다뤄보려 한다"는 신호를 준다. 사람은 불편한 내용을 듣기 전에 먼저 이 대화가 자신을 향한 공격인지, 아니면 함께 해결하기 위한 시도인지를 살핀다. 첫 문장이 생각보다 중요한데 이럴 때 가장 힘을 발휘하는 방식은 공동의 목적을 먼저 꺼내는 것이다.

"이 문제를 서로에게 가장 좋은 방향으로 정리하기 위해, 오늘은 조금 솔직한 이야기를 나눠보고 싶습니다."

이 문장이 좋은 이유는 대화를 '나 vs 너'의 구도로 열지 않고, '우리의 문제'의 구도로 열어주기 때문이다. 상대는 그 순간 비난을 들을 준비보다, 적어도 무슨 이야기가 오갈지를 가늠할 수 있는 상태가 된다.

이런 문장이 효과적인 이유는 세 가지다. 먼저 주어가 '우리'라는 점이다. 이 말은 대화의 출발을 대립보다 협력 쪽에 놓아준다. 다음으로 '가장 좋은 방향' 같은 표현은 지금의 대화가 감정 싸움이 아니라 판단과 조율의 자리라는 인상을 준다. 마지막으로 목적이 먼저 제시되기 때문에, 상대는 불편한 내용이 나오더라도 그 말의 방향을 조금 더 견딜 수 있게 된다. 내용의 충격을 없애주지는 못하지만, 적어도 왜 이 대화를 하는지에 대한 불안을 줄여줄 수는 있다. 이 방식은 상황에 따라 조금씩 바꿔 쓸 수 있다.

관계를 회복해야 할 때는 이렇게 시작할 수 있다.

"저는 이 일보다 우리 사이의 신뢰를 더 중요하게 생각합니다. 더 늦기 전에 제 생각을 솔직하게 말씀드리고 싶습니다."

문제를 회피하지 않으면서도, 대화의 목적이 관계를 지키는 데 있다는 점을 먼저 보여준다.

부정적인 피드백을 전해야 할 때는 이렇게 해보자.

"더 좋은 결과를 만들 수 있다고 생각하기 때문에, 같이 꼭 짚어보고 싶은 부분이 있습니다."

상대를 깎아내리기보다, 가능성을 전제로 대화를 연다.

거절이나 중단을 말해야 할 때는 이렇게 말해보자.

"지금은 아쉬운 결정이지만, 더 무리하지 않고 다음을 위해 정리해야 할 부분이 있어 말씀드립니다."

거절의 메시지를 흐리지는 않으면서도, 그것이 단절이 아니라 더 큰 손실을 막기 위한 판단이라는 맥락을 남긴다.

가정 안에서도 비슷하게 쓸 수 있다.

"지금 감정적으로 말하면 서로 더 상할 것 같아서, 나는 이 얘기를 잘 풀어보고 싶은 마음으로 꺼내는 거야."

배우자나 자녀에게도 대화의 기조를 다르게 전달한다. 문제를 말하더라도 공격이 아닌 조율의 방향으로 시작하게 만들어준다.

중요한 것은 이런 문장이 내용을 좋게 포장하는 장식이 아니라는 점이다. 오히려 어려운 말을 제대로 전달하기 위해 필요한 최소한의 바탕에 가깝다. 사람은 부정적인 내용 자체보다도, 그것이 어떤 태도로 시작되었는지를 더 오래 기억하는 경우가 많다. 처음부터 차갑게 시작하면 같은 말도 공격처럼 남고, 먼저 목적과 관계를 설명해주면 같은 말도 조금 더 받아들일 여지가 생긴다. 어려운 대화일수록 더 명확하고, 더 차분하고, 더 공동의 목적을 앞세운 문장으로 시작해야 한다. 설득은 상대를 약하게 만드는 것이 아니라, 대화를 버틸 수 있는 상태로 만드는 것에서 시작되기 때문이다. 첫 문장 하나가 중요한 이유는 그 한 문장이 대화의 방향을 공격으로 기울게 할 수도 있고, 협의와 회복 쪽으로 돌려세울 수도 있기 때문이다.

제 14 장

큰 합의를 만드는 것은
작은 긍정의 축적이다

큰 합의는 한 번의 설득보다, 작은 "예"가 쌓여 만들어진다

◇ 동의는 결론이 아니라 과정이다

우리는 동의를 버튼 하나를 누르거나, 짧게 "네"라고 답하면 끝나는 절차처럼 너무 쉽게 생각하는 경우가 많다. 하지만 사람 사이의 설득에서 동의는 그렇게 단순하게 생기지 않는다. 특히 이해관계가 걸린 대화일수록, 상대는 처음부터 큰 결론에 쉽게 동의하지 않는다. 설득은 마지막 결론을 곧바로 묻는 데서 시작되지 않으며, 오히려 작은 동의들을 하나씩 쌓아가는 과정에 더 가깝다고 할 수 있다.

데일 카네기는 『인간관계론』에서 상대가 처음부터 "예"라고 답할 수 있도록 이끌어가는 것이 중요하다고 말한다. *"Get the other person saying 'yes, yes' immediately."* **상대가 빠르게 "예"라고 말할 수 있게 하라는 뜻이다.** 이 말은 상대의 비위를 맞추라는 뜻이 아니다. 사람은 대화 초반에 "아니요"라고 말하는 순간, 생각보다 빨리 자기 입장을 지키는 쪽으로 기울기 쉽다. 한 번 부정의 방향으로 몸이 기울면, 그 다음부터는 내용을 검토하기보다 지금의 입장을 유지하는 데 더 많은 에너지를 쓰게 된다. 설득은 처음부터 큰 동의를 요구하기보다, 상대가 자연스럽게 받아들일 수 있는 작은 동의에서 시작하는 편이 훨씬 효과적이다.

반대로 대화 초반에 몇 번의 작은 "예"가 오가면 분위기는 달라진다. 상대는 내가 몰아붙이고 있다고 느끼기보다, 적어도 같은 장면을 보고 있다는 감각을 갖게 된다. 그 상태에서는 다음 질문도 조금 더 수월하게 받아들일 수 있다. 설득이란 상대를 끌고 가는 일이 아니라, 상대가 스스로 고개를 끄덕일 수 있는 흐름을 만드는 일이라 할 수 있다.

중요한 것은 무엇부터 묻느냐다. 처음부터 핵심 쟁점에 대한 찬반을 묻는 것은 대화를 너무 빨리 좁혀버릴 수 있다. 수수료 협상이나 예민한 실무 조정에서 곧바로 "그 조건에 동의하시나요?"라고 묻는다면, 상대는 대체로 방어적으로 반응하기 쉽다. 대신 먼저 누구도 부정하기 어려운 사실, 함께 지키고 싶은 가치, 이미 공유하고 있는 목표에서 출발해야 한다.

"이번 프로젝트가 고객 경험에 중요한 영향을 준다는 점에는 모두 공감하시죠?"

"지난번 오류가 우리 신뢰에 부담을 줬다는 점은 함께 인식하고 계신 거죠?"

이 질문들은 결론을 강요하지 않는다. 대신 대화의 바닥을 함께 확인하게 만든다. 그리고 그 확인이 쌓일수록, 다음 단계의 논의도 훨씬 부드럽게 이어질 수 있다.

이 방식의 핵심은 큰 동의를 잘게 나누는 데 있다. 결론 하나를 바로 받아내려 하지 말고, 그 결론에 이르기 위해 먼저 어떤 사실에 동의해야 하는지, 어떤 가치에 공감해야 하는지, 어떤 우선순위를 함께 인정해야 하는지를 차례로 묻는 것이다. 그러면 상대는 내 결론을 갑자기 받아들이는 것이 아니라, 스스로 그 방향으로 이동하고 있다고 느끼게 된다.

가정에서도 이 원리는 그대로 작동한다. 아이에게 곧바로 "오늘부터 휴대폰 시간을 줄이자"라고 말하면 반발이 나오기 쉽다. 대신 "요즘 잠드는 시간이 늦어진 건 맞지?", "아침에 일어나기 힘든 것도 사실이지?", "그럼 지금처럼 두는 게 가장 좋은 상태는 아닌 것 같다는 점에는 동의하지?"처럼 작은 동의를 쌓아가면 대화의 결이 달라진다. 큰 합의는 이렇게 만들어진다. 동의는 마지막에 찍는 도장이 아니다. 대화 안에서 조금씩 쌓여가는 흐름에 가깝다. 첫 번째 "예"는 단지 공감일 수 있지만, 그 다음 "예"는 공통의 이해가 되고, 그 다음의 "예"는 함께 생각을 맞춰갈 수 있다는 신호가 되기도 한다. 작은 "예"는 결론을 강요하는 장치가 아니라, 생각을 함께 맞춰가는 과정이다. 설득이 필요한 순간일수록 결론을 서두르기보다, 상대가 자연스럽게 "예"라고 답할 수 있는 질문의 순서를 먼저 설계해야 한다. 큰 합의는 그렇게 만들어진다.

◇ 질문의 세 단계: 공통점 → 사실 → 선택

상대의 입에서 "예"라는 대답을 이끌어내는 일은 단순히 분위기를 부드럽게 만드는 기술이 아니다. 그것은 대화의 방향을 대립에서 합의 쪽으로 조금씩 옮기는 과정에 가깝다. 중요한 것은 무엇을 묻느냐가 아니라, 어떤 순서로 묻느냐다. 처음부터 결론을 요구하면 사람은 쉽게 방어적으로 가지만, 함께 인정할 수 있는 지점부터 차례로 확인해 가면 훨씬 자연스럽게 합의에 가까워질 수 있다. 이때 도움이 되는 구조가 공통점, 사실, 선택의 세 단계다. 먼저 함께 바라는 가치를 확인하고, 그 다음 부정하기 어려운 사실을 함께 짚고, 마지막에 가능한 선택지를 놓고 더 나은 방향을 묻는 것이다. 이 순서를 따르면 상대는 갑자기 결론을 강요받는 느낌보다, 스스로 그 결론에 가까워지고 있다는 감각을 갖게 된다.

첫째는 공통점이다. 가장 먼저 물어야 하는 것은 "우리가 함께 바라는 것이 무엇인가"이다. 이 단계에서는 세부 쟁점보다, 누구도 쉽게 부정하기 어려운 공동의 목표를 먼저 확인하는 것이 중요하다. 일정 조율이 필요한 상황이라면 이렇게 물을 수 있다.

"이번 프로젝트에서 가장 중요한 건, 단순히 날짜를 맞추는 것보다 시장에서 신뢰를 얻을 수 있는 결과를 만드는 일이라는 점에는 공감하시죠?"

상대를 반대편에 세우지 않고, 같은 방향을 보는 사람으로 놓아준다. 여기서 첫 번째 "예"가 나오면 대화의 바닥이 생긴다.

둘째는 사실이다. 공동의 목표를 확인했다면, 이제 그 목표를 둘러싼 현실 조건을 함께 봐야 한다. 이 단계에서는 감정보다 객관적인 조건을 확인하는 것이 중요하다.

"추가된 요구사항이 많아졌고, 현재 인력과 일정으로는 품질 검수까지 모두 마치기엔 빠듯한 상황이라는 점도 사실이죠?"

여기서 중요한 것은 문제를 누구의 잘못으로 몰아가지 않는 것이다. 사실을 함께 확인하면, 대화의 초점이 사람을 비난하는 데서 상황을 이해하는 쪽으로 옮겨간다.

셋째는 선택이다. 공통의 목표와 현실 조건을 함께 확인했다면, 그 다음에는 어떤 선택이 더 나은지를 묻는 단계로 넘어갈 수 있다. 이때 핵심은 명령하지 않는 것이다.

"그렇다면 일정을 그대로 밀고 가기보다, 1차 오픈 범위를 조정하거나 마감일을 조금 조율하는 쪽이 더 현실적인 선택일까요?"

이 질문은 결론을 강요하기보다, 상대가 선택의 과정에 참여하고 있다고 느끼게 만든다.

사람은 누군가의 결론을 따라가는 것보다, 자신도 생각의 흐름에 참여했다고 느낄 때 그 방향을 더 잘 지지한다. 이 세 단계의 힘은 순서에 있다. 공통점을 건너뛰고 바로 사실을 들이밀면 따지는 느낌이 나기 쉽고, 사실 확인 없이 곧바로 선택을 요구하면 밀어붙이는 인상을 줄 수 있다. 반대로 공통점을 먼저 확인하고, 사실을 함께 보고, 마지막에 선택을 묻는 흐름을 따르면 대화는 훨씬 부드럽고 더 설득력 있게 이어진다.

부부 사이의 생활비 조율도 비슷하다. 처음부터 "이제 소비를 줄여야 해"라고 말하면 반발이 나기 쉽다. "우리 둘 다 지금 가장 원하는 건 당장 버티는 게 아니라 조금 더 안정적인 생활이라는 점에는 동의하지?", "최근 지출이 예상보다 늘어난 것도 사실이야, 그렇다면 한 달만이라도 외식비를 조정해보는 쪽이 어떨까?" 처럼 가면 훨씬 부드럽게 합의에 닿을 수 있다.

설득은 상대를 코너로 몰아넣는 일이 아니다. 함께 동의할 수 있는 지점을 하나씩 확인하면서, 마지막 선택의 문턱까지 함께 걸어가는 과정에 더 가깝다. 공통점은 대화의 바닥을 만들고, 사실은 판단의 기준을 세우며, 선택은 그 위에서 함께 생각해보는 다음 걸음이 된다. 큰 합의가 한 번에 오지 않는 이유도 여기에 있다. 사람은 이렇게 작은 "예"들을 거쳐 더 큰 동의에 도달하게 된다.

작은 "예"를 쌓아가는 방식이 효과적이라고 해서, 상대를 교묘하게 몰아붙이는 질문까지 정당화되는 것은 아니다. 오히려 사람은 자신이 선택하고 있다고 느낄 때보다, 유도당하고 있다고 느끼는 순간 훨씬 더 빨리 마음을 닫는다. 설득의 질문은 정교해야 하지만, 동시에 상대의 자율성과 체면을 해치지 않아야 한다. 상대가 "이 질문에는 '예'라고 답할 수밖에 없겠네"라고 느끼는 순간, 대화는 합의가 아니라 압박으로 바뀌기 쉽다. 합의를 끌어내는 질문에는 몇 가지 원칙이 필요하다. 질문이 상대를 코너로 몰지 않고, 오히려 함께 생각할 수 있는 공간을 남겨두어야 한다는 점이다. 그 기준이 되는 세 가지가 있다.

첫째, 책임을 따지는 '왜'보다, 상황을 풀어가는 '무엇'과 '어떻게'를 먼저 묻는 편이 낫다. "왜 일정이 늦어졌나요?", "왜 이 조건은 안 되는 거죠?" 같은 질문은 쉽게 해명 요구처럼 들릴 수 있다. 이미 부담을 느끼고 있는 상대에게는 질문이라기보다 추궁처럼 받아들여질 가능성이 크다. 반면 "일정 지연에 가장 크게 영향을 준 요인은 무엇이었나요?", "이 리스크를 줄이려면 어떤 방식이 가장 현실적일까요?"처럼 묻는 방식은 대화의 초점을 사람의 잘못보다 상황의 구조로 옮긴다. 그러면 상대는 변명하기보다 설명하고, 방어하기보다 참여하기 쉬워진다.

둘째, 거절할 수 있는 여지를 남겨두어야 한다. 사람은 "아니요"라고 말할 권리까지 지켜질 때, 오히려 "예"라고 답할 가능성이 더 커진다. 좋은 질문은 동의를 강요하지 않는다. "이 방향이 지금 팀 상황에서는 무리일 수도 있다고 생각합니다. 만약 어렵다면, 다른 대안은 어떤 쪽이 가능할까요?"처럼 묻는 것이다. 이 문장은 상대를 곤란하게 만들지 않으면서도, 여전히 대화를 앞으로 나아가게 한다. 억지로 얻은 동의는 쉽게 흔들리지만, 선택권이 남아 있는 상태에서 나온 동의는 더 오래 간다.

셋째, 과거의 책임보다 앞으로의 선택을 묻는 편이 낫다. 많은 대화가 길어지는 이유는 "누가 잘못했는가"에 오래 머물기 때문이다. 책임을 분명히 해야 할 때도 있지만 설득과 합의의 흐름을 만드는 것이 목적이라면, 질문의 시선을 과거에만 두는 것은 도움이 되지 않는 경우가 많다. "지난번 오류가 누구 때문이었는지"를 오래 붙드는 대신, "앞으로 같은 문제가 반복되지 않으려면 지금 어떤 장치를 두는 것이 좋을까요?"라고 묻는 편이 더 생산적일 수 있다. 과거는 설명의 대상이 될 수 있지만, 미래는 함께 설계할 수 있는 영역이기 때문이다.

카네기는 『인간관계론』에서 이렇게 말했다. *"Ask questions instead of giving direct orders."* 직접 지시하기보다 질문하라는 **뜻이다.** 데일 카네기가 반복해서 보여준 태도도 이쪽에 가깝다. 상대를 몰아세워 항복을 받아내기보다, 스스로 참여할 수 있는 자리를 남겨두는 것이다.

이 세 가지 규칙의 공통점은 하나다. 사람을 몰아세우지 않고, 여전히 대화에 참여할 수 있는 사람으로 남겨둔다는 점이다. 설득은 상대를 궁지에 몰아넣어 항복을 받아내는 일이 아니다. 오히려 상대가 체면을 지키고, 선택권을 느끼고, 문제 해결에 계속 참여할 수 있게 만드는 과정이라 할 수 있다. 좋은 질문은 상대가 자기 판단을 유지한 채로도 고개를 끄덕일 수 있게 만드는 질문이다. 작은 "예"를 쌓아가는 과정에서도 가장 중요한 것은 기술보다 태도일 수 있다. 합의는 몰아붙일수록 멀어지고, 함께 생각할 수 있는 여지를 남길수록 가까워지는 경우가 많다.

제 15 장

표면의 말보다
핵심 욕구에 응답하라

사람은 표면의 말보다
핵심 욕구가 짚일 때 움직인다

◇ 많이 듣기보다 정확히 추출하기가 중요하다

회의록도 남고, 메신저 대화도 저장되며, 누가 무엇을 말했는지도 쉽게 확인할 수 있는 이 시대에 대화의 기록들은 점점 더 많아지고 있다. 그런데도 사람 사이의 오해는 줄어들지 않는다. 많은 말을 들었다고 해서, 그 말의 중심이 무엇인지를 정확히 짚어낸 것은 아니기 때문이다. 설득이 어려운 이유도 여기에 있다. 사람들은 상대의 말을 오래 듣고도, 정작 무엇이 가장 중요한지 종종 놓칠 때 가 있다.

데일 카네기는 『인간관계론』에서 헨리 포드의 말을 인용한다. *"If there is any one secret of success," said Henry Ford, "it lies in the ability to get the other person's point of view and see things from that person's angle as well as from your own."* 성공의 비결은 자신의 시선뿐 아니라 상대의 관점에서도

사물을 볼 수 있는 능력에 있다는 뜻이다. 이 원칙은 단순한 이해에 머무르지 않는다. 사람은 논리보다 "내 입장이 고려되고 있는가"에 더 민감하게 반응하기 때문이다. 그래서 상대의 관점을 읽어냈다면, 거기서 멈추지 말고 그 관점을 바탕으로 질문하고 제안해야 한다. 겉으로 드러난 말이 아니라 그 뒤에 있는 핵심 욕구를 짚어낼 때, 대화는 공감에서 끝나지 않고 실제 움직일 수 있는 합의로 이어진다.

많은 사람이 여기서 오해하는 것은 잘 듣는다는 것을 오래 들어주는 것이라고 생각하기 쉽다는 점이다. 듣는 시간도 중요하지만 합의의 관점에서 더 중요한 것은, 그 긴 말의 흐름 속에서 상대가 정말로 지키고 싶은 것이 무엇인지 정확히 짚어내는 일이다. 사람은 종종 불만, 걱정, 변명, 설명을 뒤섞어 말한다. 그 말을 전부 따라가는 것만으로는 부족하다. 그 안에서 가장 중심에 있는 욕구나 두려움, 혹은 포기할 수 없는 기준을 가려내야 한다. 많이 듣는 것 자체가 능사는 아니다. 합의에서는 흩어진 말들 사이에서 핵심 욕구를 정확히 뽑아내는 일이 더 중요하다.

새로운 시스템 도입에 대해 누군가가 길게 반대하고 있다고 해보자. 겉으로는 비용, 일정, 현장 혼선, 교육 시간, 운영 부담 같은 여러 이유를 말할 수 있지만 끝까지 따라가 보면 실제 핵심은 하나일 수 있다. "적응 기간 동안 팀 전체의 업무 부담이 커져서 기존 핵심 프로젝트의 완성도까지 떨어질까 봐 걱정한다"는 식이다.

"그러니까 가장 우려하시는 건 도입 비용 자체보다, 적응 과정에서 팀의 핵심 업무 품질이 흔들리는 상황이군요. 제가 정확히 이해한 게 맞을까요?"

이렇게 정리해주면 대화의 무게중심이 달라진다. 이런 정리는 단순한 요약과는 다르다. 말을 줄여주는 것이 아니라, 흩어진 이유들 사이에서 가장 중요한 축을 찾아내는 일에 가깝다. 상대는 "맞아요, 바로 그겁니다"라고 반응하게 된다. 이 한마디는 단순한 동의가 아니다. 내가 한참 설명한 말들 중에서도 가장 중요한 부분을 이 사람이 정확히 짚어냈다는 인정에 가깝다.

가정에서도 비슷하다. 아이가 학원을 그만두고 싶다고 말할 때, 겉으로는 숙제가 많다, 피곤하다, 재미없다 같은 이유를 늘어놓을 수 있다. 하지만 끝까지 들어보면 핵심은 "계속 따라가지 못하는 느낌이 들어서 자신감이 없다"일 수도 있다. 그때 "지금 제일 힘든 건 공부량보다, 해도 안 된다는 느낌이 쌓이는 거구나"라고 짚어주면 대화는 전혀 다른 방향으로 열린다.

듣기의 수준은 양보다 정확성에서 갈린다. 많이 들었느냐보다, 무엇을 남겼느냐가 중요하다. 상대의 말에서 핵심 욕구를 정확히 추출해낼 수 있다면, 그 순간부터 대화는 훨씬 선명해진다. 표면의 말은 흩어져 있어도, 핵심 욕구는 하나의 방향을 가리킨다. 합의는 바로 그 방향을 함께 확인하는 데서부터 힘을 갖기 시작한다.

◇ 핵심 욕구를 짚어내는 추출의 기술

사람은 언제나 자기 욕구를 곧바로 말하지는 않는다. 특히 일에서는 더 그렇다. 많은 경우 사람들은 원하는 것을 직접 말하기보다, 일정 문제, 인력 부족, 절차의 복잡함, 협업의 비효율 같은 이야기로 먼저 꺼낸다. 겉으로 드러난 요구만 따라가면 대화는 길어지지만 핵심으로 들어가지 못한다. 이때 필요한 것이 추출이다. 많이 듣는 것만으로는 부족하며 상대가 길게 설명한 이유들 사이에서, 이 사람이 가장 지키고 싶은 것이 무엇인지 알아내야 한다. 일정 연장을 원한다고 해서 진짜 원하는 것이 일정 그 자체인 것은 아닐 수 있다. 비용을 문제 삼는다고 해서 핵심이 예산일 것이라고 단정할 수도 없다. 때로는 통제감을 잃고 싶지 않아서일 수 있고, 완성도를 지키고 싶어서일 수 있으며, 자신의 책임 구간이 흔들리는 것이 두려워서일 수도 있다. 이 핵심 욕구를 짚어내려면 세 단계가 도움이 된다.

첫째는 요구에서 이유로 내려가는 것이다. 상대가 "이번 기획안 마감은 최소 2주 연장돼야 한다"라고 말할 때, 바로 날짜를 두고 다투기 시작하면 대화는 막히게 된다. 더 중요한 것은 왜 2주가 필요한지 묻는 일이다.

"2주 연장이 필요하다고 보시는 가장 큰 이유는 무엇인가요?"

이 질문은 요구 자체를 반박하지 않고, 그 요구를 떠받치고 있는 실제 이유로 시선을 옮긴다.

둘째는 흩어진 설명을 한 문장으로 정리하는 것이다. 상대가 여러 이유를 길게 말한 뒤에는, 그 말을 한 문장으로 묶어 되돌려주는 단계가 필요하다.

"말씀을 듣고 보니, 일정 자체보다 충분한 테스트 없이 오픈했을 때 생길 오류와 그 부담을 그대로 떠안게 되는 상황이 가장 걱정되시는 거군요. 제가 이해한 게 맞을까요?"

이 단계의 목적은 말을 줄이는 데만 있지 않다. 여러 설명 사이에 흩어져 있던 중심을 드러내는 데 있다.

셋째는 그 욕구를 기준으로 다시 선택을 묻는 것이다. 핵심 욕구가 무엇인지 확인됐다면, 이제 대화는 그 욕구를 어떻게 지키면서 현실적인 조율을 할 수 있을지로 넘어갈 수 있다.

"그렇다면 핵심은 일정 자체보다 품질과 리스크 관리라는 뜻이군요. 그 부분이 보완된다면 일정은 다른 방식으로 조정해볼 여지가 있을까요?"

이렇게 되면 대화는 처음의 요구를 받아들이느냐 거부하느냐가 아니라, 무엇을 지켜야 하는지를 중심으로 다시 정리된다.

이 세 단계가 중요한 이유는, 표면의 말과 핵심 욕구가 자주 다르게 나타나기 때문이다. 사람은 처음부터 "저는 통제력을 잃고 싶지 않습니다", "완성도에 흠이 나는 것이 두렵습니다", "책임을 혼자 떠안게 될까 봐 불안합니다"라고 말하지 않는다. 대신 일정, 비용, 역할, 절차 같은 말로 우회해서 표현하는 경우가 많다. 합의는 겉으로 나온 문장을 바로 다루기보다, 그 문장이 가리키는 욕구를 먼저 정확히 짚는 데서 시작된다. 사람을 움직이는 것은 겉으로 드러난 요구를 바로 해결해주는 일이 아니다. 그 요구 뒤에 있는 진짜 이유를 이해하고, 그것을 기준으로 다시 대화를 정리해주는 일에 더 가깝다. 상대는 자기 말의 핵심을 정확히 알아봐 주는 사람 앞에서 더 쉽게 마음을 연다. 그리고 그때부터 비로소 합의가 가능한 대화가 시작된다.

◇ 추출 → 선택지 → 다음 행동으로 닫는 합의 문장

대화가 아무리 잘 풀려도 마지막이 흐리면 설득은 완성되지 않는다. 회의가 길었고 분위기도 나쁘지 않았는데, 정작 끝나고 나서 누가 무엇을 하기로 했는지 남지 않는 경우가 많다. "좋은 말씀 감사합니다. 다시 이야기하시죠" 같은 말로 마무리되면, 그 자리에 있던 사람들은 각자 다른 결론을 품고 돌아간다. 합의는 상대가 고개를 끄덕였다고 끝나는 것이 아니라, 그 동의가 실제 행동으로 이어질 수 있도록 문장으로 닫혀야 한다.

이때 도움이 되는 구조가 추출 → 선택지 → 다음 행동의 세 단계이다. 먼저 상대가 중요하게 여기는 핵심 욕구를 한 문장으로 확인하고, 그 다음에는 그 욕구를 반영한 선택지를 함께 검토하고, 마지막에는 누가 언제까지 무엇을 할지 분명히 정리하는 것이다.

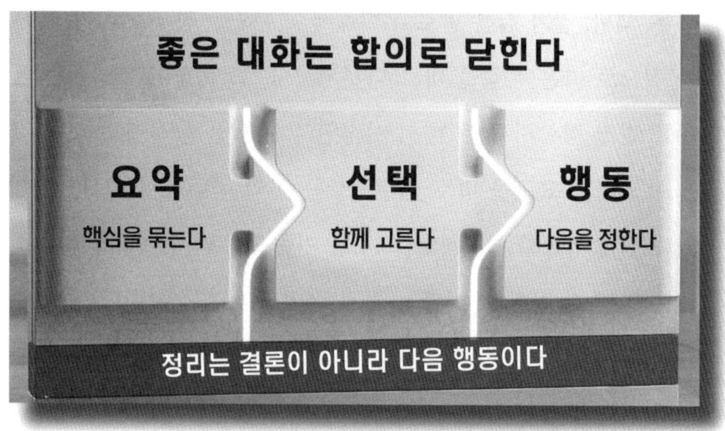

첫째는 추출이다. 여기서는 앞서 확인한 핵심 욕구를 상대 앞에 다시 분명히 놓아야 한다.

"가장 중요하게 보시는 건 비용 자체보다, 이 투자가 실제 성과로 이어질 수 있다는 확신인 거군요. 제가 이해한 게 맞을까요?"

이 문장의 역할은 단순한 요약이 아니다. 지금부터 나오는 선택과 합의가 무엇을 중심으로 이루어져야 하는지를 다시 확인하는 데 있다.

둘째는 선택지이다. 핵심 욕구가 확인되었다면, 이제는 그 욕구를 충족할 수 있는 현실적인 대안을 놓고 함께 고르는 단계로 넘어갈 수 있다. 중요한 것은 하나의 정답을 밀어붙이지 않는 것이다.

"그 확신을 드리기 위해 두 가지 방안을 생각해보았습니다. 초기 비용을 낮추고 성과 기반으로 조정하는 방식과, 초기에 기술 지원을 더 붙여 안정성을 먼저 검증하는 방식이 있는데, 어느 쪽이 더 적절하다고 보시나요?"

이 질문은 찬반의 구도를 피하고, 선택의 구도로 대화를 옮긴다.

셋째는 다음 행동이다. 선택이 이루어졌다면, 바로 실행 문장으로 닫아야 한다.

"좋습니다. 그러면 B안으로 가는 방향에 공감하신다는 뜻으로 이해하겠습니다. 제가 오늘 오후 네 시까지 세부안을 보내드릴 테니, 팀장님께서는 내일 오전 중 내부 검토만 부탁드려도 될까요?"

이 단계의 핵심은 모호함을 남기지 않는 데 있다. 누가, 언제까지, 무엇을 하는가가 들어가야 합의가 실제 행동으로 이어진다.

이 세 단계는 순서가 중요하다. 추출 없이 선택지로 넘어가면 상대는 아직 내 입장이 정리되지 않았다고 느낄 수 있고, 선택만 하고 다음 행동을 정하지 않으면 합의는 실행되지 않는다. 반대로 핵심 욕구를 먼저 확인하고, 그 욕구를 반영한 선택지를 함께 보고, 마지막에 다음 행동을 분명히 하면 대화는 훨씬 선명하게 닫힌다.

좋은 합의는 길게 설명된 감정이 아니라, 실행 가능한 한 문장으로 남아야 한다. 무엇이 가장 중요했는지를 함께 확인하고, 그에 맞는 선택지를 고른 뒤, 누가 언제까지 무엇을 할지 정리하는 것. 여기까지 가야 합의는 실제 힘을 갖는다. 합의는 공감으로 끝나지 않는다. 합의는 마지막에 문장으로 남아야 한다. 대화가 끝날 때 "무엇을 위해, 어떤 방식으로, 누가 무엇을 하기로 했는가"가 또렷하다면, 그 한 문장이 바로 합의의 완성이다.

제 16 장

정답을 강요하기보다
스스로 찾을 여지를 남겨라

정답 보다 여지를 남겨라,
공동 설계가 저항을 낮춘다

◇ 사람은 내가 선택했다고 느낄 때 움직인다

사람은 아이디어 자체보다, 그 아이디어가 자신에게 어떻게 도달하는지에 더 크게 반응할 때가 많다. 합리적인 방안이라도 누군가가 완성된 답처럼 들이밀면 거부감이 생기기 쉽고, 반대로 같은 내용이라도 내가 판단에 참여했다고 느끼면 훨씬 더 잘 받아들이게 된다. 설득은 정답을 제시하는 능력만으로는 충분하지 않다. 상대가 그 결론을 자기 일처럼 느끼게 만드는 과정이 함께 필요하다.

데일 카네기는 『인간관계론』에서 이렇게 말한다. *"Let the other person feel that the idea is his."* 상대가 그 생각이 자기 것이라고 느끼게 하라는 뜻이다. 이 말은 상대를 속이라는 뜻이 아니다. 오히려 사람은 선택과 판단의 자리가 남아 있을 때 훨씬 덜 저항한다는 뜻에 가깝다. 설득의 고수는 완성된 결론을 통보하지 않는 대신 상대가 자기 의견을 보태고, 판단에 참여하고, 일부를 수정할 수 있는 여지를 남겨둔다.

　새로운 운영 매뉴얼을 도입해야 하는 상황을 생각해보자. "AI 분석을 바탕으로 매뉴얼을 만들었으니 내일부터 이대로 시행해달라"라고 말하면, 내용이 아무리 좋아도 상대는 통제받는다는 느낌을 받을 수 있다. 반면 "현장에서 겪는 인력 운영의 부담을 줄이기 위해 이런 방식을 생각해봤습니다. 보시기에 어떤 부분이 실제로 더 보완되어야 할까요?" 라고 묻는다면 분위기는 달라진다. 전자는 상대를 실행자로만 두지만, 후자는 함께 만드는 사람으로 초대한다. 사람이 의견을 한두 가지 보태는 순간, 그 방안은 더 이상 남이 만든 것처럼 느껴지지 않는다. "이건 당신 생각이다"가 아니라 "여기에는 내 판단도 들어갔다"는 감각이 생기기 때문이다. 그리고 바로 그 지점에서 실행력도 달라진다. 사람은 자신이 전혀 참여하지 않은 결정에는 쉽게 거리를 두지만, 자기 손이 조금이라도 닿은 결정에는 더 큰 책임감을 느낀다.

　가정에서도 비슷하다. 아이 방 정리 방식을 두고 "앞으로는 이렇게 해"라고 말하면 규칙을 통보받는 느낌이 강하다. "정리할 때 네가 가장 귀찮은 부분이 뭐야? 그걸 줄이려면 어디부터 바꾸는 게 좋을까?"라고 묻는 순간 아이는 지시를 받는 사람이 아니라 방법을 함께 정하는 사람이 된다. 배우자와 정리 방식을 조율할 때도 "이제부터 이 방식으로 하자"보다 "둘 다 덜 지치려면 어떤 방식이 제일 현실적일까?"가 훨씬 덜 부딪힌다.

좋은 설득은 내 아이디어의 우수성을 오래 설명하는 데 있지 않다. 오히려 상대가 생각을 보탤 수 있는 빈칸을 남겨두는 데 더 가깝다. 처음부터 모든 답을 닫아버리면 상대는 고개를 젓기 쉽고, 반대로 일부를 열어두면 "그렇다면 이런 방향은 어떨까요?"라는 말이 나오기 시작한다. 그 순간 대화는 설득에서 공동 설계로 넘어간다. 중요한 것은 그 빈칸이 형식적인 것이어서는 안 된다는 점이다. 이미 결론을 다 정해놓고 의견만 묻는 태도는 의도가 금방 드러난다. 사람은 자신이 진짜로 참여하고 있는지, 단지 동의만 요구받고 있는지를 예민하게 느낀다. 공동 설계가 힘을 가지려면 실제로 상대의 관점이 반영될 여지가 있어야 한다.

사람을 움직이는 것은 정답의 완성도가 아니라, 그 정답 안에 내가 얼마나 들어가 있다고 느끼는가이다. 설득이 필요한 순간일수록 모든 답을 먼저 채우기보다, 일부는 비워두는 편이 더 효과적이다. 상대가 "그 방향 좋다. 여기에 이 부분만 더 보완하면 될 것 같다"라고 말하는 순간, 그 아이디어는 더 이상 내 것만이 아니라 함께 책임질 좋은 제안이 된다.

◇ **완성된 제안이 아니라, 빈칸이 있는 스케치로 다가가는 법**

좋은 아이디어가 늘 받아들여지는 것은 아니다. 오히려 내용이 잘 정리되어 있을수록, 상대는 그 안에 들어갈 자리가 없다고 느끼며 한발 물러서는 경우가 있다. 완성도가 높을수록 설득도 쉬울 것 같지만, 협업에서는 종종 반대의 일이 벌어진다. 너무 매끈하게 작성된 제안은 감탄은 줄 수 있어도 참여의 여지는 주지 못하기 때문이다. 설득이 필요할 때는 정답을 완제품처럼 내미는 방식보다, 함께 다듬을 수 있는 초안으로 가져가는 편이 더 효과적이다.

사람은 제안의 수준만 보지 않으며, 내가 들어갈 자리가 있는지도 함께 본다. 이미 모든 판단이 끝나 있고, 남은 일은 동의와 실행뿐인 구조라면 상대는 쉽게 수동적인 위치로 밀려난다. 그 순간 마음속에서는 "내 의견은 굳이 필요 없겠구나"라는 거리감과 "나에게 맞추라고 하는구나"라는 저항감이 동시에 생길 수 있다.

반대로 빈칸이 남아 있는 스케치는 다르다. 여기서 말하는 빈칸은 준비가 덜 된 허술함이 아니다. 핵심 방향은 제시하되, 상대가 실제 경험과 판단을 보탤 수 있는 여지를 남겨두는 설계이다. "이 안이 정답이니 그대로 따르라"가 아니라 "이런 방향의 초안을 생각해봤는데, 현장에서는 어떤 보완이 필요할까요?"라고 묻는 식이다. 이 질문이 붙는 순간, 제안은 통보가 아니라 협의의 출발점으로 바뀐다.

실무에서는 이 차이가 특히 크게 작용한다. 새로운 운영 방식, 업무 분장, 매뉴얼 개편, 기준 정리 같은 주제는 내용 자체보다 도입 방식에서 저항이 생기기 쉽다. 새로운 보고 체계를 도입해야 한다고 해보자. "앞으로는 이 양식으로 통일하겠다"라고 말하면 상대는 바뀐 규칙을 받아들여야 하는 입장이 된다. 반면 "보고 누락을 줄이기 위해 이런 틀을 잡아봤는데, 실제로 써보면 어느 부분이 가장 불편할까요?"라고 묻는다면 상대는 규칙의 수용자가 아니라 설계의 참여자가 된다. 빈칸이 있는 스케치로 다가가려면 세 가지를 남겨두는 것이 좋다.

첫째는 표현의 여백이다. 결론을 단정적으로 닫기보다 '초안', '방향', '가능성', '보완' 같은 단어를 써서 아직 논의의 문이 열려 있다는 신호를 주는 것이다.

둘째는 판단의 여백이다. 상대가 전문성을 가진 영역이라면, 그 사람이 실제로 수정 의견을 낼 수 있는 질문을 붙여야 한다.

셋째는 구조의 여백이다. 전체 방향은 잡더라도 일부 항목이나 적용 방식은 함께 다듬도록 남겨두는 편이 좋다.

여기서 중요한 것은 여백이 곧 우유부단함은 아니라는 점이다. 방향이 없는 상태로 의견만 물으면 사람은 오히려 피로를 느낀다. 공동 설계가 힘을 가지려면, 바탕이 되는 생각은 분명해야 한다. 즉, 무엇을 바꾸려는지, 왜 바꾸려는지, 어느 정도까지는 이미 정리되어 있어야 한다. 다만 그 위에 실제 현실에 맞게 조정할 수 있는 공간을 남겨두는 것이다. 사람은 자신이 손댄 것에 더 큰 책임을 느낀다. 아주 작은 문장 하나를 고쳤더라도, 기준 하나를 보탰더라도, 그 순간부터 그 제안은 남의 것이 아니라 내 일부가 된다. 공동 설계의 첫걸음은 처음부터 큰 권한을 주는 데 있지 않다. "여기서 어떤 부분을 현실에 맞게 손봐야 할까?", "이 구조에서 빠진 요소가 있다면 무엇일까?", "실제 적용할 때 가장 먼저 걸릴 부분은 어디일까?" 같은 질문으로 작은 참여를 열어두는 데서 시작된다.

설득에서 중요한 것은 내 아이디어가 얼마나 완벽한가보다, 그 아이디어가 상대에게 어떻게 도착하느냐가 더 중요할 때가 많다. 닫힌 제안은 판단을 요구하지만, 열린 스케치는 참여를 부른다. 그리고 사람은 판단만 요구받을 때보다, 함께 만들 수 있다고 느낄 때 훨씬 덜 저항하고 더 오래 책임진다.

◇ 협업에서 우리의 문제로 묶는 프레임

협업이 어려워지는 순간은 일이 꼬였을 때이다. 일정이 밀리고, 자료가 늦어지고, 누군가의 결정이 다른 사람의 업무에 부담을 주기 시작하면 대화의 톤도 금세 날카로워진다. 이때 많은 사람이 무심코 "그쪽에서 늦게 줘서", "당신 팀 때문에", "이 부분은 담당자님이 놓친 것 같다"처럼 말한다. 문제를 빨리 짚으려는 의도일 수는 있지만, 이런 표현은 대화를 쉽게 대립 구도로 바꿔버린다. 사람은 문제가 생긴 경우 내용을 듣기 전에 먼저 자기가 어떤 위치에 놓였는지를 파악한다. 내가 함께 해결해야 할 사람으로 불리고 있는지, 아니면 책임을 져야 할 사람으로 지목되고 있는지를 먼저 읽는 것이다. 주어가 '너'로 시작하는 순간, 대화는 협의보다 방어

쪽으로 기울기 쉽다. 상대는 문제 자체를 보기보다 먼저 자기 입
장을 지키려 하게 된다.

데일 카네기가 상대의 입장에서 사물을 보려는 노력이 중요하
다고 말한 이유도 여기에 있다. 설득은 상대를 고치려는 태도보
다, 함께 같은 문제를 보고 있다는 감각을 만드는 데서 더 잘 시작
되기 때문이다. 협업이 꼬였을수록 필요한 것은 비난의 언어가 아
니라, 문제를 '우리의 과제'로 옮겨놓는 프레임이다. 상대를 내 편
으로 만드는 것보다 문제를 우리 앞에 함께 놓는 데 성공하는 순
간, 설득은 훨씬 쉬워진다.

새로운 시스템이나 협업 방식을 바꿔야 하는 상황을 떠올려보
자. "앞으로는 이 방식으로 통일할 예정이니, 이번 주부터 전부 적
용해 주세요"라고 말하면 상대는 곧바로 지시를 받는 느낌을 받기
쉽다. 이 문장 안에는 이미 누가 결정했고, 누가 따라야 하는지가
분명하게 드러나 있기 때문이다. 반면 "최근 업무 흐름을 보니 기
존 방식으로는 시간이 많이 걸리는 부분이 있는 것 같습니다. 그
래서 몇 가지 개선안을 정리해봤는데, 실제로 적용해보려면 어떤
점을 먼저 손보는 게 좋을까요?"라고 말하면 대화의 공기가 달라
진다. 이 문장에서는 변화의 이유가 특정 개인의 문제가 아니라,
함께 해결해야 할 상황으로 제시된다.

이 차이는 생각보다 크다. 첫 번째 방식에서는 상대가 평가받는
사람이나 지시를 받는 사람처럼 느껴지기 쉽지만 두 번째 방식에

서는 문제 해결에 필요한 판단을 함께 내리는 사람으로 자리 잡게 된다. 그리고 바로 그 지점에서 저항이 줄어든다. 사람은 자기에게 책임만 돌아오는 문제에는 방어적으로 반응하지만, 자기 판단이 필요하다고 느껴지는 문제에는 더 쉽게 참여한다. 프레임을 바꾸는 일은 말투만 부드럽게 만드는 기술이 아니다. 문제의 소유권을 다시 정하는 일에 가깝다. "이건 당신 문제다"라고 놓는 순간 관계는 갈라지고, "이건 우리가 같이 풀어야 할 문제다"라고 놓는 순간 협업의 여지가 생긴다. 같은 내용이라도 어느 쪽 프레임으로 말하느냐에 따라 상대가 느끼는 압박과 책임감의 방향이 달라진다.

여기서 말하는 '우리'가 형식적인 말로만 끝나서는 안 된다. 실제로 상대의 의견이 반영될 수 있어야 하고, 문제 정의 과정에서 관점이 나뉘어 있어야 하며, 결과 역시 함께 책임지는 구조여야 한다. 그렇지 않으면 '우리'라는 말은 금방 빈말처럼 들릴 수 있다. 중요한 것은 단어 자체보다, 그 단어가 실제 협의 구조와 맞아떨어지는가이다. 협업에서 설득이 잘되는 순간은 상대를 내 편으로 만든 순간이라기보다, 문제를 '우리' 앞에 함께 놓는 데 성공한 순간에 더 가깝다. 그때부터 상대는 반대편 사람이 아니라, 해결에 필요한 사람으로 다시 보이기 시작한다. 공동 설계가 힘을 가지려면 먼저 프레임이 바뀌어야 한다. 사람을 상대로 하지 말고, 함께 다룰 문제를 가운데 놓아야 한다. 설득은 바로 그 재배치에서부터 훨씬 수월해진다.

제 17 장

부탁이 강요가 되지 않도록
선택권을 넘겨라

Dale Carnegie

선택권과 기준이 함께 있을 때 부탁은 힘을 얻는다

◇ 강요는 즉시 복종을 만들지만 지속을 만들지 못한다

실무에서는 누군가에게 일을 맡기고, 일정을 맞추고, 역할을 나누는 일이 끊임없이 반복된다. 이때 가장 쉬운 방식은 단호하게 지시하는 것이다. "오늘 안에 보내라", "이 방식으로 진행하라", "이건 당신이 맡으라"라고 말하면 빠르고 분명해 보인다. 실제로 급한 상황에서는 이런 표현이 필요할 때도 있다. 하지만 대부분의 협업은 한 번의 지시로 끝나지 않는다. 이후에도 확인이 이어지고, 조율이 생기고, 예상치 못한 변수가 끼어든다. 실무에서는 단순한 명령보다, 상대가 움직일 수 있는 여지를 남긴 요청이 더 안정적으로 작동하는 경우가 많다.

카네기는 명령하기보다 질문하라고 말했다. *"Ask questions instead of giving direct orders."* 직접적인 명령 대신 질문을 사용하라는 뜻이다. 이 말의 핵심은 상대를 편하게 해주자는 데만 있지 않다. 실무에서는 상대가 판단해야 할 부분, 조정해야 할 부분, 현장 상황을 더 잘 아는 부분이 늘 있기 때문이다. 일을 맡길 때도 일방적으로 닫아버리기보다, 실행 방식을 함께 맞출 수 있는 자리를 남겨두는 편이 더 현실적이다.

"오늘부터 이 양식으로만 보고하라"라고 말하면 전달은 빠르지만 현장에서는 어떤 항목이 중복인지, 어느 부분이 오히려 비효율적인지, 어떤 팀에는 맞지 않는지가 바로 드러날 수 있다. 반면 "보고 누락을 줄이기 위해 이 양식을 생각해봤다. 실제로 써보면 어느 부분이 가장 불편할 것 같은가요?"라고 말하면 방향은 유지하면서도 실무적인 조정이 가능해진다. 이 차이는 작아 보이지만, 이후 협업의 마찰을 줄이는 데 큰 영향을 준다.

중요한 것은 선택권이 곧 자유방임이 아니라는 점이다. 실무 조율에서는 목표와 기준이 먼저 분명해야 한다. 선택권은 목표를 더 무리 없이 실행하게 만드는 장치이다. "이번 주 안에 일정 지연을 줄여야 합니다. 그 기준 안에서 어떤 방식이 가장 현실적인지 같이 정해보죠"라고 말하면, 방향은 놓치지 않으면서도 상대를 단순한 수행자로만 밀어넣지 않게 된다. 일을 맡길 때 통보만 하지 말고, 조율의 여지를 남겨두는 것이다.

상대가 판단할 수 있는 범위를 조금 남겨두면, 요청은 덜 수직적으로 들리고 실행은 더 매끄러워진다. 강요는 즉시 복종을 만들수는 있어도 지속을 만들지는 못한다. 반대로 선택권과 기준이 함께 있을 때 사람은 단순히 시키는 대로 움직이는 것이 아니라, 스스로 책임지는 방식으로 움직이기 시작한다.

◇ 실행과 업무 조율을 위한 선택형 지시어 다섯 문장

사람은 무조건 부드러운 말보다, 방향은 분명하고 조율의 여지는 있는 말에 더 잘 반응한다. 실무에서 유용한 것은 기준을 유지하면서도 상대가 답할 수 있게 만드는 선택형 지시어이다. 아래 표현들은 회의, 역할 배분, 협업 요청 같은데서 바로 써먹기 좋다.

첫째, "이 방향에 대해 어떻게 보는가?"

결론을 통보하기 전에 상대의 판단을 먼저 묻는 방식이다. 특히 기획 초반이나 협업 구조를 맞춰야 하는 시점에 유용하다. 이미 방향은 제시했지만, 현장 관점의 보완을 받을 수 있기 때문이다.

둘째, "A안과 B안 중 어느 쪽이 더 현실적인가?"

할지 말지를 묻는 대신, 어떻게 할지를 묻는 표현이다. 선택지는 열어두되 범위는 분명하게 잡아준다. 대화가 흐트러지지 않고, 동시에 상대도 조율에 참여하고 있다는 감각을 갖게 된다.

셋째, "목요일 퇴근전, 또는 금요일 오전까지 가능한가?"

기한을 일방적으로 통보하지 않고, 선택 가능한 범위 안에서 일정만 조정하게 한다. 일정 조율에서 특히 효과적이다. 상대가 답해야 할 범위가 분명하기 때문에, 모호하게 미뤄지지도 않는다.

넷째, "가장 먼저 손대야 할 부분은 무엇이라고 보는가?"

목표는 공유하되, 실행 순서를 상대가 제안하게 하는 질문이다. 역할을 맡기는 장면이나 실무 분배에서 유용하다. 특히 상대가 업무 흐름을 더 잘 아는 경우, 이런 표현이 훨씬 현실적이다.

다섯째, "더 나은 대안이나 우려되는 지점이 있는가?"

내 제안이 전부가 아닐 수 있다는 여지를 남기는 문장이다. 이 표현은 상대의 이견을 보완 정보로 받겠다는 신호가 된다. 회의나 협업 조율에서 분위기를 훨씬 부드럽게 만든다.

이 다섯 문장의 공통점은 목표를 흐리지 않으면서도 선택의 자리를 남긴다는 점이다. 특히 실무 조율에서는 "할 것인가 말 것인가"보다 "어떤 방식으로, 어느 일정 안에서 할 것인가"를 묻는 표현이 더 유용하다. 그렇게 해야 책임이 흐려지지 않고, 동시에 상대가 수동적 수행자로만 머물지 않게 된다. 선택형 지시어의 힘은 책임을 흐리는 데 있지 않고, 오히려 책임을 더 분명하게 만드는 데 있다. 스스로 고른 방식, 스스로 정한 기한, 스스로 보완한 과정은 훨씬 관리가 쉽고 이후 확인도 분명해진다. 선택형 지시어는 부탁을 예쁘게 말하는 기술이 아니라, 실행의 주도권을 남긴 채 기준을 분명히 세우는 실무 언어라고 보는 편이 맞다.

◇ **부탁이 약해 보이지 않게 만드는 마무리 문장**

선택권을 주는 방식으로 말하면 많은 사람이 한 가지를 걱정한다. 너무 물러 보이지 않을까, 리더십이 약해 보이지 않을까 하는 점이다. 하지만 실제로는 선택권 자체가 문제가 아니다. 선택권만 주고 기준을 함께 주지 않을 때 대화가 흐려지는 것이다. 부탁이 약해 보이지 않으려면 마지막 문장이 중요하다.

첫째, 상대의 전문성에 기대를 거는 방식이다.

"이 부분은 현장을 가장 잘 아는 팀장님 판단이 중요하다고 봅니다. 이번 결정은 팀장님 의견을 기준으로 정리하겠습니다."

상대의 전문성을 인정하면서도, 그 판단이 실제 의사결정으로 이어진다는 점을 분명히 한다. 단순히 "알아서 해달라"가 아니라, "당신 판단을 기준으로 삼겠다"는 말이기 때문에 요청이 약해지지 않는다.

둘째, 공동의 목표를 다시 확인하는 방식이다.

"어떤 방식을 택하든, 우리 목표는 일정 지연 없이 마무리하는 데 있습니다. 그 기준에서 가장 현실적인 판단을 부탁합니다."

선택은 열어두되 방향은 흐리지 않는 방식이다. 이 문장이 들어가면 상대는 자유롭게 선택하는 것이 아니라, 같은 목표 안에서 판단하고 있다는 점을 분명히 알게 된다.

셋째, 기한을 붙여 책임을 분명히 하는 방식이다.

"내일 오전까지 확인해 주시면, 그에 맞춰 내가 바로 다음 단계를 정리하겠습니다."

선택권만 있고 시점이 없으면 대화는 흐려진다. 반대로 기한이 들어가면 부탁은 훨씬 단단해진다. 기다리는 것이 아니라, 다음 행동을 연결하기 위한 요청이라는 점이 분명해지기 때문이다.

넷째, 역할을 나누어 닫는 방식도 유용하다.

"초안은 내가 오늘 안으로 정리하겠습니다. 검토는 내일 오전에 부탁드릴께요."

부탁을 상대에게만 넘기지 않고, 내가 할 몫도 함께 명확히 밝힌다. 협업의 느낌은 살아나면서도 요청은 더 분명해진다.

이런 마무리 문장들의 공통점은 같다. 상대를 존중하면서도, 대화의 기준과 방향은 놓치지 않는다는 점이다. 선택권을 준다고 해서 리더십이 약해지는 것은 아니다. 오히려 목표를 분명히 하고, 판단 기준을 제시하고, 실행 기한을 정해둘 수 있다면 그 선택권은 더 힘 있게 작동한다. 중요한 것은 낮은 자세가 아니라 흐리지 않는 자세이다. 상대에게 판단의 자리를 주되, 그 판단이 무엇을 향해야 하는지, 언제까지 필요한지, 이후 무엇으로 이어질지를 분명히 말할 수 있다면 부탁은 오히려 더 단단해진다. 바로 그 지점에서 선택권은 약함이 아니라 실무 조율의 힘이 된다.

제 18 장

상대의 관점에서
세상을 볼 때
설득이 시작된다

관점 전환은 자세가 아니라, 맥락을 읽는 기술이다

◇ 같은 사실도 입장이 다르면 결론이 달라진다

같은 사실을 두고도 사람마다 결론이 달라지는 경우가 많다. 문제는 사실이 없어서라기보다 같은 상황을 보고도 서로 전혀 다른 의미로 보기 때문에 갈등이 커진다. 설득이 어려운 이유도 여기에 있다. 사람들은 같은 말을 듣고도 서로 다른 장면을 보고 있다고 느끼기 때문이다. 비즈니스 현장에서 벌어지는 많은 충돌도 마찬가지다. 팀장이 마감 기한을 앞당기자고 말할 때, 그 결정은 시장 변화에 빠르게 대응하기 위한 판단일 수 있다. 하지만 이미 과로 상태인 팀원에게 그 말은 현실을 모르는 압박처럼 들릴 수 있다. 같은 사실, 같은 지시, 같은 일정인데도 결론은 전혀 다르게 받아들여진다. 여기서 누가 더 논리적인지를 먼저 따지는 것은 큰 도움이 되지 않는다. 두 사람 모두 자기 입장에서는 충분히 타당한 이유를 갖고 있기 때문이다.

카네기는 『인간관계론』에서 상대의 입장에서 사물을 보려는 노력을 거듭 강조한다. 그 취지를 잘 보여주는 문장은 이것이다. *"Cooperate with them. See things from the other person's point of view."* **상대와 협력하고, 그 사람의 관점에서 사물을 보라는 뜻이다.** 이 말은 단순히 이해심을 가지라는 도덕적 조언이 아니다. 상대가 왜 저런 결론을 내렸는지, 어떤 역할과 책임 위에서 그렇게 말하고 있는지, 무엇을 감당해야 하고 무엇을 놓칠 수 없는지를 읽어내는 훨씬 현실적인 기술에 가깝다. 설득은 그 지점을 놓치면 시작조차 어렵다.

많은 사람은 상대의 행동이 이해되지 않을 때, 그를 비합리적이거나 고집스럽다고 판단한다. 하지만 사람의 말과 행동 뒤에는 그 사람 나름의 판단 구조가 있기에 그런 해석은 너무 빠르다. 내 기준에서는 과해 보여도, 상대에게는 충분히 현실적인 계산일 수 있다. 완고한 태도 뒤에는 시간의 압박이 있을 수 있고, 날 선 반응 뒤에는 역할에 따른 부담이 있을 수 있으며, 강한 거절 뒤에는 책임의 무게나 손실 가능성이 걸려 있을 수 있다. 관점 전환은 상대를 봐주기 위한 태도가 아니라, 그 사람의 결론이 어떤 조건에서 나왔는지를 제대로 읽어내는 작업에 가깝다.

"내가 저 사람과 같은 상황, 같은 정보, 같은 책임을 안고 있었다면 나도 저렇게 말했을까?" 이 질문을 천천히 해보면, 처음에는 무리해 보였던 요구도 조금씩 다르게 보이기 시작한다. 동의하지는 않더라도, 적어도 왜 그런 결론에 도달했는지는 알게 된다. 바로 그 지점에서 대화는 비난보다 해석 쪽으로 움직일 수 있다.

관점 전환의 핵심은 상대의 결론을 곧바로 받아들이는 데 있지 않으며, 그 결론이 어떤 입장과 조건에서 나왔는지를 먼저 읽는 데 있다. 사람은 비판받을 때보다, 그 결론이 어떤 책임과 제약 속에서 나온 것인지 이해받았다고 느낄 때 훨씬 덜 방어적이 된다. 설득은 반박으로 시작되기보다, 상대의 결론을 만든 구조를 읽어내는 데서 시작된다. 중요한 것은 내가 보고 있는 것이 전부가 아닐 수 있다는 사실을 인정하는 것이다. 같은 사실도 입장이 다르면 전혀 다른 의미가 된다. 지혜로운 대화는 상대의 결론을 틀렸다고 말하는 데서 시작되지 않으며, 오히려 그 결론이 어떤 맥락 위에 서 있는지 먼저 살피는 데서 시작된다. 상대의 말이 이해되지 않을수록, 결론보다 먼저 그 사람이 감당하고 있는 조건을 들여다봐야 한다. 설득은 바로 그때부터 조금씩 가능해진다.

◇ 관점을 전환하는 질문 세 가지

상대의 관점으로 이동한다는 것은 막연하게 이해해보는 태도만을 뜻하지 않는다. 실제 설득의 장면에서는 훨씬 더 구체적인 질문이 필요하다. 상대가 왜 이렇게 말하는지, 왜 쉽게 움직이지 않는지, 왜 같은 사실을 두고도 다른 결론에 도달하는지를 읽어내려면 기준이 있어야 한다. 그때 도움이 되는 질문이 세 가지다. **무엇**

을 리스크로 보고 있는가, 어디서 비용이 커지는가, 어떤 기준을 지키려 하는가이다.

　첫째, 무엇을 리스크로 보고 있는가를 봐야 한다. 많은 저항의 밑바닥에는 막연한 부정성이 아니라, 구체적인 위험 판단이 깔려 있다. 여기서 중요한 것은 감정을 길게 해석하는 일이 아니라, 상대가 무엇을 실제 문제로 계산하고 있는지를 읽어내는 일이다. 내 제안을 받아들이지 않는 이유가 단순히 비협조 때문이라고 생각하면 대화는 쉽게 막히지만 그 제안이 실패했을 때 생길 책임, 예상하지 못한 변수, 통제하기 어려운 위험이 먼저 보이는 사람이라면 같은 상황도 전혀 다르게 받아들일 수 있다. 상사가 기획안을 쉽게 승인하지 않는다면, 아이디어 자체보다 실패했을 때 떠안아야 할 책임이 더 크게 보이기 때문일 수 있다. 설득은 상대의 불안을 추상적으로 달래는 데서가 아니라, 무엇이 실제 리스크로 보이고 있는지를 먼저 읽는 데서 시작된다.

　둘째, 어디서 비용이 커지는가를 봐야 한다. 사람은 결과만 보고 움직이지 않으며, 그 결과에 이르기까지 자신이 감당해야 할 비용도 함께 계산한다. 여기서 말하는 비용은 돈 뿐 아니라 시간, 에너지, 추가 업무에 따르는 피로감도 모두 포함된다. 내가 보기에는 좋은 기회인 제안도, 상대에게는 손이 더 많이 가고 일이 더 복잡해지는 변화일 수 있다. 관점의 전환은 상대가 무엇을 얻는지만 보는 것이 아니라, 무엇을 더 감당해야 하는지도 함께 보는 일이다. 비용의 지점을 읽어내지 못하면 제안은 쉽게 공허해진다.

셋째, 어떤 기준을 지키려 하는가를 봐야 한다. 사람은 누구나 쉽게 내려놓지 않는 기준이 있다. 누군가에게는 전문성의 일관적 기준일 수 있고, 누군가에게는 절차의 정당성일 수 있으며, 또 다른 누군가에게는 자신이 맡은 책임 범위일 수 있다. 상대가 강하게 버티고 있다면, 단순히 내 제안이 마음에 들지 않아서가 아니라 자신이 지켜야 한다고 여기는 기준이 걸려 있기 때문일 수 있다. 이 지점을 놓치면 설득은 금세 힘겨루기로 바뀐다. 반대로 상대가 지키려는 기준이 무엇인지 알게 되면, 그 선을 넘지 않으면서도 다른 길을 함께 찾을 가능성이 생긴다.

이 세 가지 질문은 상대의 결론을 만든 배경을 읽기 위한 기준이다. 겉으로 보이는 반응만 보면 사람은 쉽게 "왜 이렇게 완고하지?"라고 판단하게 된다. 하지만 리스크, 비용, 기준이라는 세 층위를 차례로 들여다보면, 그 반응이 왜 나왔는지가 조금씩 보이기 시작한다. 그 순간 대화는 비난에서 해석으로, 해석에서 조율로 넘어갈 수 있다. 상대를 향해 "왜 내 말을 안 듣는가"라고 묻기 전에, 먼저 이 세 가지를 점검해보는 편이 좋다. 저 사람은 지금 무엇을 리스크로 보고 있는가? 어디서 비용이 커진다고 느끼는가? 끝까지 지키려는 기준은 무엇인가? 이 질문에 대한 답이 선명해질수록, 상대의 태도도 그 사람 입장에서는 타당한 판단이었음을 이해하게 된다. 바로 그때부터 설득은 조금 더 현실적인 일이 된다.

◇ 맥락 체크리스트: 시간·관계·손해·입장 수정 비용

사람의 결정은 논리만으로 이루어지지 않는다. 같은 제안을 받아도 누군가는 바로 움직이고, 누군가는 끝까지 망설인다. 그 차이는 성격이나 고집 때문만은 아니다. 그 사람이 지금 어떤 조건 위에서 판단하고 있는지를 보면 훨씬 더 잘 이해된다. 설득에서는 말의 내용만 듣는 것으로 충분하지 않다. 상대가 어떤 맥락 안에서 결론을 내리고 있는지 함께 읽어야 한다. 그때 도움이 되는 기준이 네 가지다. 시간, 관계, 손해, 입장 수정 비용이다. 이 네 가지를 점검하면 상대가 왜 그런 판단을 하고 있는지, 어디서 막히고 있는지, 어떤 방식의 제안에 더 움직일 가능성이 있는지가 한층 선명해진다. 여기서 중요한 것은 마음을 깊이 해석하는 것이 아니라, 입장의 조건을 읽어내는 것이다.

시간 압박형

사람은 시간이 부족할수록 판단의 폭이 좁아진다. 마감 직전이거나 이미 피로가 누적된 상태라면, 아무리 좋은 제안도 새로 감당해야 할 부담처럼 느껴질 수 있다. 반대로 충분히 검토할 시간이 있는 사람에게는 너무 성급한 압박이 오히려 불신을 만들 수도 있다. 상대를 설득하려면 먼저 그 사람의 시간 상태를 봐야 한다. 지금 당장 결론을 내려야 하는 상황인지, 아니면 조금 더 검토할 여유가 필요한 상황인지를 읽지 못하면 제안의 타이밍부터 어긋나기 쉽다.

관계 부담형

사람은 혼자 결정하지 않는다. 모든 선택 뒤에는 그 선택이 다른 사람들과의 관계에 어떤 영향을 줄지가 함께 따라붙는다. 상사의 기대, 팀원의 시선, 협업 부서와의 균형, 때로는 가족 안에서의 책임감까지 판단에 영향을 준다. 내 제안이 아무리 합리적이어도, 그 선택이 상대를 주변 관계 속에서 곤란하게 만들면 쉽게 받아들여지지 않는다. 설득이 잘되려면 제안 자체만이 아니라, 그 제안이 상대의 관계망 안에서 어떤 의미를 가지는지도 함께 봐야 한다.

손실 회피형

사람은 무엇을 얻는가만큼, 무엇을 잃을 수 있는가에도 민감하다. 오히려 많은 경우 이익보다 손해를 더 크게 느낀다. 설득할 때 얻을 수 있는 장점만 길게 말하면 오히려 공허하게 들릴 수 있다. 상대는 이미 그 선택이 가져올 부담과 리스크를 계산하고 있기 때문이다. 시간 손실, 추가 업무, 실패 책임, 기존 방식이 무너질 가능성, 눈에 보이지 않는 기회비용까지 모두 손해의 일부다. 좋은 설득은 "이걸 하면 좋아집니다"에서 멈추지 않는다. "당신이 걱정하는 손실이 무엇인지 알고 있고, 그것을 줄일 방법도 함께 생각했다"는 지점까지 가야 힘을 얻는다.

입장 수정 비용이 큰 경우

많은 갈등은 사실 자체보다 입장을 바꾸는 비용 때문에 더 커진다. 사람이 어떤 제안을 거부하는 이유가 논리의 부족이 아니라,

그 제안을 받아들이는 순간 이전 판단을 수정해야 하고 그에 따른 책임까지 감수해야 하기 때문인 경우도 많다. 특히 본인이 이미 결정한 사안이거나, 오래 유지해온 원칙이거나, 여러 사람 앞에서 공개적으로 입장을 밝혔던 문제라면 더 그렇다. 설득은 상대를 꺾는 방식으로 가면 오히려 막힌다. 상대가 판단의 일관성을 크게 훼손하지 않으면서도 입장을 조정할 수 있는 여지를 함께 만들어주어야 한다. "그때의 판단이 틀렸다"가 아니라 "그때는 그 조건에서 최선이었지만, 지금은 조건이 달라졌다"는 식으로 맥락을 다시 열어주는 편이 훨씬 현실적이다.

이 네 가지는 서로 따로 떨어져 있지 않다. 시간이 부족하면 손해에 더 민감해질 수 있고, 관계가 걸려 있으면 입장 수정 비용도 더 커질 수 있다. 맥락을 읽는다는 것은 항목을 기계적으로 체크하는 일이 아니라, 지금 이 사람에게 무엇이 가장 크게 작용하고 있는지를 가늠하는 일이라 할 수 있다.

설득은 상대의 말에 맞서기 전에, 그 사람이 어떤 조건 위에서 그 말을 하고 있는지를 읽어내는 데서 시작된다. 시간이 어떤지, 관계가 어떻게 얽혀 있는지, 무엇을 손실로 보고 있는지, 입장을 바꿀 때 어떤 비용을 치러야 하는지를 살피면 같은 거절도 다르게 들리기 시작한다. 그리고 바로 그때, 비로소 상대가 받아들일 수 있는 방식의 제안도 설계할 수 있게 된다. 관점 전환은 공감의 몸짓이 아니라, 판단 구조를 읽는 기술이다.

제 19 장

갈등을 풀고 싶다면
사실과 감정을 나누어 보라

갈등은 뒤섞을수록 커진다, 사실·감정·욕구를 나눠보라

◇ 갈등은 사실이 아니라 해석에서 커진다

갈등이 커지는 순간의 대화는 복잡하다. 상대의 말 속에는 사실과, 감정, 요구가 뒤엉켜 있다. 그런데 많은 사람들은 상대의 말이 크게 들리면 나도 크게 반응하고, 비난처럼 들리면 곧바로 되받아친다. 그렇게 되면 갈등은 더 빨라지고 더 커진다. 갈등을 다루는 힘은 더 강하게 말하는 데 있지 않으며, 오히려 엉켜 있는 것을 풀어서 분리하는 데 더 가깝다고 할 수 있다.

겉으로는 큰 싸움처럼 보여도, 출발점은 의외로 단순한 경우가 많다. 처음에는 누군가 회의에 늦었거나, 피드백이 예정된 시간보다 늦게 왔거나, 자료에 오류가 있었거나 하는 이 정도의 사실만 있었을 수 있다. 이 사실 위에 "무시했다", "성의가 없다", "책임감이 없다" 같은 해석이 덧붙는 순간 분위기가 달라지며, 갈등은 바로 여기서 커지게 된다. 사람이 화가 나는 이유도 사건 자체보다,

그 사건에 어떤 의미를 붙였는지와 더 가까운 경우가 많다. 문제는 그 의미를 너무 빨리 확정해버린다는 점이다. 내가 그렇게 느꼈기 때문에 그것이 곧 진실이라고 여기는 순간, 대화는 상황을 다루는 자리에서 상대를 심판하는 자리로 바뀌기 쉽다. 그러면 서로는 같은 장면을 두고도 전혀 다른 이야기를 하고 있다고 느끼게 된다.

카네기는 『인간관계론』에서 이렇게 말했다. *"When dealing with people, let us remember we are not dealing with creatures of logic. We are dealing with creatures of emotion, creatures bristling with prejudices and motivated by pride and vanity."* **사람을 대할 때 우리는 논리만으로 움직이는 존재가 아니라, 감정과 자존심, 선입견을 지닌 존재를 마주하고 있음을 잊지 말라는 뜻이다.** 이 문장은 갈등 장면에서 특히 중요하다. 갈등은 사실만으로 폭발하지 않으며, 사실 위에 얹힌 해석과 감정이 함께 커지면서 폭발한다. 갈등을 다룰 때 가장 먼저 필요한 것은 내 해석을 잠시 분리해보는 일이다. 지금 내가 보고 있는 것이 사실인지, 아니면 사실 위에 덧붙인 판단인지 먼저 나누어야 한다.

협업 상대가 늦게 답장을 했을 때, "저 사람은 비협조적이다"라고 바로 결론 내리기보다 "마지막 메일을 보낸 뒤 24시간 동안 답이 오지 않았다"라고 사실만 남겨보는 것이다. 이 차이는 생각보다 크다. 해석은 곧바로 감정을 키우지만, 사실은 질문을 가능하게 만든다. 카네기의 원칙을 지금의 갈등 장면에 가져와 보면, 중요한 것은 상대를 먼저 판단하지 않는 태도다. 판단을 늦추면 대화는 더 차분해지고, 문제는 훨씬 다루기 쉬운 형태로 바뀐다. 사실을 분리해 놓으면 무엇이 실제로 일어났는지 이야기할 수 있고, 감정을 분리해 놓으면 서로 무엇 때문에 예민해졌는지 말할 수 있으며, 욕구를 따로 보면 무엇을 바라고 있었는지도 드러난다. 갈등이 정리되는 이유는 이 세 가지가 처음부터 잘 구분되어 있어서가 아니라, 누군가 그것을 구분해주기 시작하기 때문이다.

갈등을 풀고 싶다면 먼저 덩어리째 반응하지 않는 편이 좋다. 상대의 말이 거칠수록 그 안에 섞여 있는 사실과 감정과 요구를 나눠봐야 한다. 지금 실제로 벌어진 일은 무엇인가? 내가 느끼는 감정은 무엇인가? 그리고 내가, 혹은 상대가 진짜 원하는 것은 무엇인가? 이 질문이 시작되면 갈등은 더 이상 막연한 위협이 아니라, 순서대로 다룰 수 있는 문제로 바뀐다. 갈등은 내용이 커서 감당하기 어려운 것이 아니라, 너무 많은 것이 섞여 있어서 더 어렵게 느껴지는 경우가 많다. 해결의 출발점은 설득보다 구조화에 있다. 사실은 사실대로, 감정은 감정대로, 욕구는 욕구대로 나눠놓을 수 있을 때, 갈등은 비로소 처리 가능한 크기로 내려온다. 갈등이 커질수록 먼저 해야 할 일은 반응이 아니라 분리다.

◇ 사실과 감정과 욕구를 나누어 보는 대화법

갈등이 커질 때 사람들은 무슨 일이 있었는지, 그 일 때문에 어떤 기분이 들었는지, 상대가 어떻게 해주기를 바라는지가 한 문장 안에 뒤엉켜 나온다. 듣는 사람은 내용을 이해하기보다 먼저 압박을 느끼고, 곧바로 방어하거나 반격하게 된다. 갈등이 쉽게 풀리지 않는 이유도 여기에 있다. 문제 자체가 너무 커서가 아니라, 너무 많은 것이 한꺼번에 섞여 있기 때문이다. 이럴 때 필요한 것은 더 강한 말이 아니라 분리다. 상대의 거친 말 속에 섞여 있는 정보를 사실, 감정, 욕구의 세 층으로 나누어 보는 것이다. 이 분리가 시작되면 막연한 충돌은 조금씩 구조를 갖기 시작한다. 그러면 대화는 공격과 방어의 반복에서 벗어나, 무엇이 실제로 있었고, 무엇이 상했고, 무엇을 바꾸어야 하는지로 옮겨갈 수 있다.

첫째는 사실이다. 여기서는 평가를 빼고 실제로 벌어진 일만 남겨야 한다. "보고서가 엉망이다"는 사실이 아니라 해석이 섞인 평가다. 반면 "보고서에 오타가 다섯 개 있었고, 숫자가 지난달 데이터와 맞지 않았다"는 사실에 가깝다. 사실이 분리되면 대화는 상황을 다루기 시작한다. 사실은 감정을 없애주지는 못하지만, 적어도 어디서부터 이야기해야 하는지를 분명하게 해준다.

둘째는 감정이다. 갈등에서 감정은 쉽게 비난의 형태로 튀어나온다. "당신 때문에 화가 난다"라고 말하는 순간 감정은 표현이 아니라 공격이 되기 쉽다. 감정은 상대를 주어로 두기보다, 내가 어떤 상태였는지로 읽어내는 편이 좋다. "나는 이 상황이 당혹스럽고 걱정된다", "나는 이 과정이 많이 답답했다"처럼 말하는 것이다. 이렇게 하면 감정은 상대를 몰아세우는 무기가 아니라, 지금 이 상황이 왜 예민해졌는지를 보여주는 정보가 된다.

셋째는 욕구다. 갈등은 여기까지 와야 정리되기 시작한다. 사실과 감정을 확인한 뒤에도, 무엇을 원하는지가 드러나지 않으면 대화는 여전히 흐리다. "제대로 해주세요"는 욕구가 아니라 압박에 가깝다. 반면 "다음 회의에는 5분 전에 와주셨으면 합니다", "데이터 출처를 주석으로 달아주셨으면 합니다"처럼 구체적으로 말하면, 욕구는 실행 가능한 요청으로 바뀐다. 갈등이 해결로 넘어가는 순간은 바로 여기서 시작된다.

이 세 가지를 차례로 분리해 말하면, 상대는 내가 무엇을 본 것이고, 무엇 때문에 예민해졌으며, 무엇을 바꾸고 싶은지를 한 번에 이해할 수 있다. 사실만 말하면 차갑고, 감정만 말하면 격해지며, 욕구만 말하면 뜬금없게 들릴 수 있지만 순서대로 정리되면 대화는 훨씬 또렷해진다. 클레임 상황이라면 이렇게 정리할 수 있다.

"어제 신규 페이지 오픈 직후 서버 지연이 있었고, 그로 인해 고객 문의가 크게 늘었습니다. 현장에서도 많이 당황하셨을 것 같고, 책임을 맡은 입장에서는 많이 답답하셨을 것 같습니다. 다음 오픈 전에는 사전 점검 절차를 한 번 더 두는 방향으로 보고 싶습니다."

이 대화는 문제를 부정하지 않으면서도, 감정을 거칠게 만들지 않고, 마지막에는 무엇이 필요한지까지 선명하게 보여준다.

갈등을 잘 다루는 사람은 말을 세게 하지 않는 대신 엉킨 내용을 정리해서 상대가 받아들일 수 있는 순서로 다시 놓는다. 사실은 사실대로, 감정은 감정대로, 욕구는 욕구대로 나누어 놓을 수 있을 때 대화는 해결 가능한 모습으로 바뀐다. 갈등 대화의 힘은 뒤섞인 것을 구조화하는 능력에서 나온다. 갈등이 커질수록 더 크게 반응하기보다 먼저 분리하고 정리해야 하는 이유가 여기에 있다.

— 제 20 장 —

사람은 옳은 말보다
고귀한 명분에 움직인다

Dale Carnegie

설득은 조종이 아니기에,
투명한 합의가 오래 간다

◇ 사람은 좋은 사람으로 남고 싶어 한다

사람은 누구나 자기 자신을 어떤 사람으로 기억하고 싶어 한다. 완벽하지는 않아도 책임 있는 사람, 이기적이기보다 공정한 사람, 상황이 어려워도 최소한의 품위를 지키는 사람으로 남고 싶어 한다. 누군가를 설득할 때 가장 강하게 건드릴 수 있는 지점은 단순한 이익만이 아니다. 오히려 그 사람이 스스로 지키고 싶어 하는 자기 이미지, 다시 말해 "나는 어떤 사람인가"에 가까운 경우가 많다. 데일 카네기는 『인간관계론』에서 **사람을 움직이려면 고귀한 동기에 호소하라고 말한다.** *"Appeal to the nobler motives."* 사람은 자신의 행동이 단순한 계산의 결과가 아니라, 자신이 중요하게 여기는 가치와 연결되어 있다고 느낄 때 더 오래 움직인다. 책임감, 신뢰, 장인정신, 공정함, 상생 같은 말이 힘을 가지는 이유도 여기에 있다. 그것은 상대를 칭찬하는 장식이 아니라, 그 사람 안에 이미 있다고 믿는 더 나은 기준을 불러내는 방식이기 때문이다.

누군가가 약속을 어겼을 때, "당신은 원래 무책임한 사람이군요"라고 말하면 상대는 바로 방어적으로 변하기 쉽다. 비난은 행동을 바꾸기보다 자존심부터 자극하기 때문이다.

"평소 약속과 신뢰를 중요하게 생각하는 분이라고 믿고 있습니다. 분명 제가 모르는 사정이 있었을 거라고 생각합니다"

이렇게 말하면 대화의 결이 달라진다. 이 문장은 상대를 몰아세우지 않으면서도, 동시에 어떤 기준을 상기시킨다. 상대는 그 기준에 맞는 사람으로 남을 것인지, 아니면 스스로 그 기대를 깨뜨릴 것인지 선택해야 한다. 많은 경우 사람은 전자를 택하려 한다.

가정에서도 이 원리는 작동한다. 아이가 동생과의 약속을 지키지 않았을 때 "너는 왜 이렇게 이기적이니?"라고 말하면 관계는 금세 닫힌다. 하지만 "너는 원래 동생을 함부로 대하는 아이가 아니라고 믿는다. 오늘은 왜 그렇게 됐는지 같이 이야기해보고 싶구나"라고 말하면, 아이는 혼나는 대상이 아니라 자기 기준을 다시 떠올리는 사람으로 서게 된다. 배우자에게도 "당신은 늘 이런 식이야"보다 "당신이 원래 책임을 가볍게 여기는 사람은 아니라는 걸 알기에 더 솔직하게 말하고 싶었다"가 훨씬 다르게 닿는다.

비즈니스 협상에서도 마찬가지다. 상대를 이익만 따지는 사람으로 대하면, 그는 더 계산적으로 반응할 가능성이 커진다.

"귀사가 업계에서 신뢰와 상생을 중요하게 여겨왔다는 점을 알고 있습니다. 이번 사안도 그 기준에 맞는 방향으로 함께 정리할 수 있기를 기대합니다"

상대는 단순히 조건을 흥정하는 자리가 아니라 자기 평판과 기준이 드러나는 자리로 인식할 수 있다. 설득은 때로 논리보다, 상대가 어떤 사람으로 남고 싶은지를 건드릴 때 더 힘을 얻는다.

다만 여기서 중요한 경계가 있다. 고귀한 동기에 호소한다는 것은 상대를 도덕적으로 압박하는 일이 되어서는 안 된다. "당신이 정말 좋은 사람이라면 이렇게 해야 한다"는 식으로 몰아붙이면, 존중이 아닌 조종에 가까워질 수 있다. 이 방식은 언제나 상대 안에 있다고 믿는 기준을 조용히 상기시키는 수준에 머물러야 한다. 상대를 이상적인 인물로 연출해 몰아가는 것이 아니라, 그 사람의 더 나은 판단 가능성을 믿고 초대하는 일에 가까워야 한다. 고귀한 동기에 호소한다는 것은 미화하는 기술도 아니다. 그 사람 안에 있는 더 나은 기준을 믿고, 그 기준에 맞는 선택을 할 기회를 건네는 일에 가깝다. 사람은 누구나 자신이 좋은 사람으로 남고 싶어 한다. 설득은 그 욕망을 이용하는 것이 아니라, 함부로 훼손하지 않으면서 더 나은 선택과 연결해주는 방식이어야 한다. 그럴 때 설득은 조종이 아닌 존중이 되고, 합의도 더 오래 간다.

◇ 신뢰·책임·배려·자부심을 건드리는 언어의 방향

사람을 움직이는 언어는 단순히 정보만 전달하지 않으며 상대를 어떤 사람으로 보고 있는지도 함께 전달한다. 같은 부탁이라도 어떤 기준으로 말을 거느냐에 따라 전혀 다른 반응이 나온다. 상대를 의심받아야 움직이는 사람으로 대하면 방어가 먼저 올라오고, 반대로 믿을 만하고 책임감 있으며 품위 있는 사람으로 대하면 그 기대에 맞게 행동하려는 힘이 생기기도 한다. 고귀한 동기에 호소하는 설득은 바로 이 지점을 다룬다. 상대를 칭찬으로 띄우는 것이 아니라, 그 사람이 이미 중요하게 여기는 기준을 상기시키는 일이다. 실제로 사람을 움직일 때 자주 작동하는 축은 네 가지로 정리할 수 있다. 신뢰, 책임, 배려, 자부심이다. 이 네 방향을 잘 읽으면, 설득은 압박보다 존중에 가까운 모양을 갖게 된다.

먼저 신뢰를 건드리는 언어다. 사람은 자신이 믿을 만한 사람으로 보이고 싶어 한다. 상대의 정직함과 성실함을 먼저 전제해주는 말은 예상보다 큰 힘을 가질 때가 많다.

"평소 약속의 무게를 가볍게 여기시는 분은 아니라고 생각합니다. 이번에는 분명 제가 모르는 사정이 있었을 것 같습니다"

이렇게 말하면 대화의 결이 달라진다. 이 문장은 잘못을 덮어주는 말이 아니다. 오히려 상대를 신뢰할 수 있는 사람이라는 기준 위에 다시 세우는 말이다. 사람은 자신을 믿어주는 사람 앞에서 그 기대를 무너뜨리지 않으려는 쪽으로 움직이기 쉽다.

다음은 책임을 건드리는 언어다. 책임감은 단순히 의무를 강조한다고 생기지 않는다. 오히려 "당신이 아니면 안 된다"는 식의 압박은 부담만 키울 수 있다. 중요한 것은 상대가 이 일에서 실제로 중요한 역할을 맡고 있다는 점을 분명히 해주는 것이다.

"현장을 가장 잘 아는 팀장님 의견을 기준으로 잡아주세요"

이렇게 말하면, 상대는 지시를 받는 사람보다 판단을 맡은 사람에 가까워진다. 책임감은 보통 여기서 생긴다. 내가 이 일의 중요한 일부라고 느낄 때, 사람은 더 주도적으로 움직이게 된다.

또 하나는 배려를 건드리는 언어다. 사람은 자신이 타인에게 좋은 영향을 주는 사람으로 남고 싶어 한다. 협조를 구할 때 단순히 도움만 요청하기보다, 상대의 사려 깊음이나 주변을 살피는 태도를 먼저 인정해주는 말이 효과적일 수 있다.

"평소 주변을 세심하게 챙겨주시는 태도가 이번 일에서도 큰 힘이 될 것 같습니다"

이렇게 말하면, 상대는 단순히 일을 떠맡는 느낌보다 자신의 품격이 필요한 자리라고 느낄 수 있다. 배려를 부탁이 아닌 그 사람이 이미 가진 좋은 결로 불러낼 때 반응의 결도 달라진다.

마지막은 자부심을 건드리는 언어다. 특히 기준이 높은 사람, 자기 일에 대한 자존심이 강한 사람에게는 이 방향이 중요하다. 이런 사람은 보통 대충 마무리하자는 말보다, 자신의 이름으로 내놓아도 부끄럽지 않은 결과를 원한다.

"팀장님이 보시기에 이 정도 완성도면 괜찮으실까요?"

이 같은 질문은 단순한 확인을 넘어, 그 사람의 기준과 전문성을 존중하는 말이 될 수 있다. 자부심을 건드리면 방어가 되지만, 존중해주면 오히려 더 높은 수준의 행동을 끌어내기도 한다.

이 네 가지 방향은 언제나 실제 행동과 연결되어야 한다. "이 일을 해달라"가 아니라 "이 일을 맡아주면 팀 전체가 안심할 수 있고, 팀장님이 늘 중요하게 생각한 기준도 지킬 수 있다"처럼 말해야 한다. "이번 확인을 부탁드린다"가 아니라 "이 부분을 한 번 더 봐주시면 전체 품질을 지키는 데 큰 힘이 된다"처럼, 가치와 행동이 한 문장 안에서 연결되어야 한다. 그래야 고귀한 동기에 호소하는 말이 공허한 당위가 아니라 실제 판단의 언어가 된다.

이 네 가지 방향을 사용할 때도 중요한 기준이 있다. 상대가 실제로 중요하게 여기는 가치와 맞아야 한다는 점이다. 모든 사람에게 같은 언어가 통하지는 않는다. 어떤 사람은 신뢰에 민감하고, 어떤 사람은 책임에, 또 어떤 사람은 자부심에 더 크게 반응한다. 여기서 말하는 언어의 방향은 기술이기 전에 관찰의 결과여야 한다. 내가 편해서 꺼내는 말이 아니라, 상대가 실제로 중요하게 여기는 기준을 읽고 그에 맞게 말해야 한다.

설득은 상대의 약점을 찌르는 말보다 오히려 그 사람이 지키고 싶어 하는 기준을 존중해주는 말이 더 오래 간다. 신뢰, 책임, 배려, 자부심을 건드리는 언어는 상대를 조종하기 위한 장치가 아니라, 그 사람 안에 이미 있는 더 좋은 가능성을 불러내는 방식이라 할 수 있다. 중요한 것은 말을 잘 꾸미는 것이 아니라, 어떤 방향으로 상대를 바라보며 말하고 있는가이다. 상대를 고귀하게 대할수록, 그 사람 역시 더 나은 방식으로 답할 가능성이 높아진다.

◇ 설득의 윤리 기준: 자율성·투명성·상대 이익을 함께 지키기

상대의 고귀한 동기에 호소하는 설득은 강한 힘을 가질 수 있고 잘 사용하면 상대의 더 나은 판단을 돕는 말이 되지만, 잘못 사용하면 상대의 양심과 자존심을 이용해 내 뜻대로 움직이게 만드는 압박이 될 수도 있다. 설득과 조종은 겉으로 보면 비슷해 보일 때도 있지만, 둘을 가르는 기준은 분명하다. 상대를 존중하고 있는가, 아니면 상대의 좋은 마음을 내 목적을 위해 이용하고 있는가이다. 특히 설득 문장을 다듬을수록 이 차이는 더 중요해진다. 말이 정교해질수록 상대는 더 쉽게 움직일 수 있지만, 동시에 더 쉽게 몰릴 수도 있기 때문이다. 좋은 설득가는 문장을 다듬는 데서 멈추지 않고, 그 문장이 상대의 선택을 돕는지, 아니면 심리적으로 압박하는지를 함께 살핀다. 중요한 것은 기술보다 기준이다.

그 기준의 첫째는 자율성이다. 설득의 목적은 상대의 굴복이 아니라 상대의 선택이어야 한다. 아무리 좋은 제안이라도 상대가 거절할 자유를 잃었다고 느끼는 순간, 그 설득은 윤리성을 잃기 쉽다. 진정으로 윤리적인 설득은 언제나 선택의 여지를 남긴다.

"이 제안을 받아들이지 않으셔도 그 판단을 존중합니다"

이런 말은 설득을 약하게 만드는 말이 아니다. 오히려 상대가 방어 대신 검토를 할 수 있게 만드는 말이다. 상대가 스스로 결정할 수 있다는 감각이 살아 있어야 설득은 존중으로 남는다.

둘째는 투명성이다. 내가 왜 이 제안을 하는지, 무엇을 기대하는지, 이 선택이 나에게 어떤 의미가 있는지를 너무 교묘하게 감추면 설득은 쉽게 기만으로 변한다. 고귀한 말을 꺼내더라도, 그 안에 내 이해관계가 전혀 없는 것처럼 꾸미는 것은 위험하다.

"이 제안은 우리 팀의 성과에도 도움이 되지만, 동시에 팀장님께도 의미 있는 기회가 될 것이라고 생각합니다"

이처럼 의도를 분명히 밝히는 편이 낫다. 투명함은 오히려 말의 방향을 숨기지 않기 때문에, 신뢰를 지킬 가능성을 더 높여준다.

셋째는 상대의 이익이다. 이 설득이 나에게만 유리하고 상대에게는 손해만 남긴다면, 그것은 설득이 아니라 이용에 가깝다. 이 결정이 상대에게도 진짜 도움이 되는가? 상대가 자신의 가치와 기준을 지키면서도 성장하거나 문제를 해결하는 데 실제로 이익이 되는가? 윤리적인 설득은 여기서 갈린다. 나만 좋은 결과를 얻는 구조는 오래가지 못한지만, 상대의 이익까지 함께 계산한 설득은 시간이 지나도 관계를 무너뜨릴 가능성이 훨씬 낮다.

이 세 가지 기준은 따로 떨어져 있지 않다. 자율성이 없으면 투명성도 쉽게 무너지고, 상대의 이익이 빠지면 자율성 역시 형식적인 말에 그칠 가능성이 크다. 설득이 윤리적이려면 세 가지가 함께 가야 한다. 상대가 스스로 선택할 수 있어야 하고, 내 의도는 숨기지 않아야 하며, 결과는 상대에게도 의미 있어야 한다. 핵심은 바로 여기서 분명해진다. 앞에서는 사람을 열게 하고, 듣고, 요약하고, 선택하게 하고, 함께 설계하게 하는 기술을 다뤘다. 하지만 그 모든 기술은 이 기준 위에 놓일 때만 오래 간다. 상대를 더 잘 움직일 수 있다는 이유만으로 그 기술이 정당해지는 것은 아니다. 기술이 강해질수록, 기준은 더 엄격해야 한다.

설득의 수준은 얼마나 그럴듯하게 말하느냐보다, 얼마나 정직한 기준 위에서 말하느냐에 달려 있다. 사람을 움직이는 기술은 강할수록 더 조심해서 써야 한다. 상대의 양심과 자존심을 자극하는 언어일수록, 그것이 존중인지 압박인지 끊임없이 점검해야 한다. 설득은 상대에게 더 나은 선택이 있을 수 있다고 믿게하고 그 선택으로 초대하는 일에 가까워야 한다. 바로 그럴 때 설득은 조종이 아니라 존중이 되고, 합의도 더 오래 남는다.

제 21 장

설득은 한 번의 말보다
반복되는 경험으로 완성된다

변화는 한 번의 설득보다,
반복되는 경험 속에서 굳어진다

◇ 변화는 '한 문장'이 아니라 '반복되는 경험'에서 일어난다

많은 사람은 설득을 단 한 번의 결정적인 대화로 생각하며, 상대의 생각을 단숨에 바꾸는 강한 논리, 혹은 마음을 움직이는 인상적인 한마디가 있으면 변화가 완성될 것이라 믿는다. 그러나 인간의 생각은 그렇게 쉽게 바뀌지 않는다. 한 번 고개를 끄덕였다고 해서 곧바로 행동이 달라지지 않으며, 행동이 달라졌다고 해서 그것이 오래 유지되는 것도 아니다. 설득이 일으키는 것은 변화의 가능성이지, 변화 그 자체가 아니다. 진짜 변화는 그 대화 이후에 반복되는 경험 속에서 서서히 굳어진다.

누군가에게 "이제는 더 창의적으로 일해봅시다"라고 말하거나 "앞으로는 서로를 더 신뢰합시다"라고 선언하는 것은 출발에 불과하다. 그 말에 상대가 동의했다면, 그것은 새로운 방향에 마음을 열었다는 뜻일 뿐이다. 아직 그 방향이 자신의 현실이 되었다

는 뜻은 아니다. 변화는 언제나 말 바깥에서 증명된다. 실제 회의에서 의견을 내었을 때 그것이 반영되는 경험, 새로운 방식을 시도했을 때 즉시 비난받지 않는 경험, 이전과 다른 선택을 했을 때 오히려 더 나은 결과가 나온다는 경험이 차곡차곡 쌓여야 한다. 그 반복이 있어야만 사람은 비로소 "이 방식은 말뿐이 아니라 실제로 작동하는구나"라고 받아들이게 된다.

인간은 본능적으로 익숙한 방식으로 되돌아가려 한다. 새로운 제안이 아무리 좋아 보여도, 몸이 기억하는 오래된 습관은 쉽게 사라지지 않는다. 변화의 초입에서는 늘 충돌이 생긴다. 머리는 새로운 방향에 동의했는데, 몸과 감정은 여전히 과거의 방식으로 돌아가려 한다. 이때 결정을 내리는 것은 논리의 우열이 아니다. 무엇이 더 안전했고, 무엇이 실제로 덜 두려웠는지에 대한 경험의 기억이다. 새로운 행동이 안전하다는 경험, 새롭게 말해도 무시당하지 않는 경험, 자율적으로 해도 관계가 깨지지 않는 경험이 반복되어야 비로소 사람은 기존의 관성을 내려놓는다.

데일 카네기는 『인간관계론』에서 사람을 움직이는 데 필요한 것은 명령보다 상대 안의 자발성을 깨우는 것이라고 보았다. *"So the only way on earth to influence other people is to talk about what they want and show them how to get it."* 사람을 설득하려면 내가 원하는 것을 앞세우기보다, 상대가 원하는 바를 이해하고 그 길을 함께 보여주어야 한다는 뜻이다. 이 말은 설득이 한 번의 주입으로 끝나지 않는다는 뜻이기도 하다. 상대가 원하는 방향과 실제 경험이 이어질 때만 변화는 지속된다. 말로만 옳은 방향을 보여주는 것으로는 부족하다. 그 방향으로 가는 길에서 실제로 작은 성공과 안전을 경험하게 해야 한다.

비즈니스 현장에서도 이 원리는 똑같이 작동한다. 팀원들에게 자율성을 강조했다면, 이후의 회의와 실행 과정에서 그 자율성이 실제로 보장되어야 한다. 새로운 아이디어를 환영한다고 말해놓고 결정적인 순간마다 다시 위에서 답을 정해버린다면, 설득의 말은 곧바로 공허한 구호로 전락한다. 신뢰를 말하면서 실수가 나왔을 때 예전처럼 날카로운 질책이 돌아온다면, 누구도 그 말을 진심으로 믿지 않는다. 사람은 리더의 말보다, 그 말 이후에 반복되는 조직의 반응을 더 정확하게 기억한다. 변화는 회의실 안에서 선언되지만, 회의실 밖에서 검증된다.

가정도 다르지 않다. 아이에게 "네 생각을 더 말해도 된다"라고 해놓고 다른 의견이 나왔을 때 곧바로 막아버리면, 아이는 말을 줄이게 된다. 배우자에게 "앞으로는 솔직하게 말하자"고 해놓고 솔직한 말이 나왔을 때 방어적으로 반응하면, 약속은 오래가지 못한다. 변화는 말보다 반복되는 반응의 일관성에서 자리 잡는다.

누군가를 변화시키고 싶다면, 대화를 얼마나 잘했는가보다 그 이후의 경험을 어떻게 설계했는가를 먼저 점검해야 한다. 강한 설득은 상대를 순간적으로 흔들 수는 있다. 그러나 지속되는 변화는 늘 작은 경험의 반복 속에서 자란다. 상대가 당신의 제안이 옳았다고 느낄 수 있는 장면을 한 번이 아니라 여러 번 만나게 해야 한다. 그래야 변화는 일시적인 동의에서 멈추지 않고, 새로운 습관과 태도로 이어질 수 있다. 설득은 한 문장으로 끝나는 기술이 아니며, 상대의 마음속에 놓인 가능성의 씨앗이 실제로 뿌리내리도록 돕는 과정이다. 변화는 섬광처럼 번쩍이는 순간의 감동보다, 반복되는 경험의 축적 속에서 더 단단하게 만들어진다. 설득의 완성은 말을 잘하는 데 있지 않고, 그 말이 살아남을 환경을 함께 만드는 데 있다. 바로 그 반복이 현실을 바꾼다.

◇ 제안→실험→회고로 이어지는 3단계 변화 설계

상대를 설득해 동의를 얻어냈다고 해서 변화가 저절로 정착되는 것은 아니다. 사람은 마음으로는 새로운 방향이 맞다고 생각해도, 몸은 익숙한 방식으로 되돌아가려는 성향이 강하다. 설득 뒤의 공백을 방치하면, 어렵게 끌어낸 동의도 금세 일시적인 결심으로 사라지고 만다. 변화를 실제로 남기고 싶다면, 설득 뒤에 따라오는 경험의 흐름까지 함께 설계해야 한다. 그때 유용한 구조가 바로 제안, 실험, 회고의 세 단계다.

첫 번째 단계는 제안이다. 여기서 중요한 것은 변화를 완성된 정답처럼 밀어붙이지 않는 일이다. 사람은 영구적인 변화 앞에서는 부담을 느끼지만, 일정한 기간 동안 시도해보는 실험에는 훨씬 더 쉽게 마음을 연다. "오늘부터 보고 방식을 전면 수정하겠습니다"라는 말은 상대에게 곧바로 압박으로 다가온다. 반면 "우리 팀의 업무 효율을 높이기 위해 일주일 동안만 핵심 요약형 보고 방식을 시험해보면 어떻겠습니까?"라는 제안은 대화의 온도를 달라지게 만든다. 변화가 명령이 아니라 가설의 형태로 제시될 때, 상대는 실패에 대한 두려움보다 시도에 대한 호기심을 먼저 느끼게 된다.

두 번째 단계는 실험이다. 이 단계의 핵심은 변화의 난이도를 낮추는 데 있다. 좋은 방향이라는 확신이 생기면, 사람은 그 변화를 한 번에 크게 밀어붙이려 한다. 그러나 인간은 커다란 변화 앞에서 쉽게 지치고, 스스로 무능하다고 느끼는 순간 다시 이전 방식으로 후퇴하게 된다. 팀원에게 더 주도적인 역할을 기대한다면, 처음부터 회의 전체를 맡기는 것이 아니라 특정 안건 하나만 진행해보게 하는 편이 낫다. 새로운 보고 방식을 도입한다면 전 부서에 즉시 적용하기보다 한 주 동안 한 팀에서만 시험해보는 방식이 더 현실적이다. 작은 성공이 먼저 쌓여야 사람은 자신감을 얻고, 그 자신감이 다음 변화로 이어진다.

세 번째 단계는 회고다. 많은 변화가 실패하는 이유는 시도만 있고 정리가 없기 때문이다. 실험이 끝났다면 반드시 함께 돌아보는 시간이 있어야 한다. 회고는 누가 잘했고 누가 못했는지를 따지는 심판의 시간이 아니라, 새로운 시도가 실제로 어떤 경험을 남겼는지를 확인하는 시간이어야 한다. "이번 방식이 실제로 업무 부담을 줄였습니까?", "해보니 어떤 점이 가장 편했고, 어떤 점은 여전히 불편했습니까?", "이 방식을 계속 유지한다면 무엇을 보완해야 하겠습니까?"와 같은 질문은 변화에 의미를 부여한다. 특히 상대가 자신의 입으로 "생각보다 나쁘지 않았다", "이 방식이라면 계속해볼 수 있겠다"고 말하는 순간, 변화는 외부의 요구가 아니라 자신의 선택으로 자리를 옮기게 된다.

이 세 단계가 중요한 이유는 변화가 언제나 경험을 통해 굳어지기 때문이다. 제안은 진입 장벽을 낮추고, 실험은 작은 성공의 경험을 만들며, 회고는 그 경험에 이름과 의미를 부여한다. 이 과정을 거친 변화는 더 이상 막연한 구호가 아니다. 직접 해보았고, 조정할 수 있었고, 다시 시도할 만하다고 느껴지는 현실적인 방식이 된다. 반대로 이 구조가 빠진 변화는 아무리 좋은 의도로 시작했어도, 한때의 결심으로 끝나기 쉽다.

이 원리는 집에서도 그대로 쓸 수 있다. 아이에게 "앞으로는 스스로 공부해라"라고 말하는 대신, "이번 주만 네가 먼저 계획을 짜보고, 우리는 저녁에 10분만 같이 점검해보자"라고 제안할 수 있다. 그 다음 실제로 해보고, 주말에 "어느 부분은 괜찮았고 어디가 제일 힘들었니?"라고 돌아보면, 아이는 통제를 당한 것이 아니라 자기 방식을 실험해본 경험을 갖게 된다. 배우자와의 생활 습관 조정도 마찬가지다. 한 번에 바꾸려 하기보다 짧게 시도하고 같이 회고해야 오래 남는다. 설득은 상대의 머릿속에 새로운 생각을 넣는 일에서 끝나지 않는다. 그 생각을 몸으로 겪어보고, 자신의 현실에 맞게 조정하며, 자기 언어로 받아들이게 만드는 과정까지 이어져야 비로소 힘을 갖는다. 유능한 리더는 말을 잘하는 사람에 머물지 않는다. 그는 변화가 자라날 수 있는 구조를 함께 설계하는 사람이다. 설득의 지속성은 화려한 한마디보다, 제안하고 실험하고 회고하는 반복의 리듬 속에서 완성된다.

◇ 리마인드/체크인/작은 피드백으로 유지시키는 방법

변화는 동의하는 순간 시작되지만, 유지되는 것은 전혀 다른 문제다. 사람은 새로운 방향이 맞다고 하면서도 쉽게 예전 방식으로 돌아간다. 바쁜 일상은 익숙한 습관 쪽으로 사람을 끌어당기고, 한때의 결심은 반복되는 업무 속에서 금세 희미해진다. 설득의 마지막 단계는 상대를 움직이게 만드는 데서 끝나지 않아야 하며, 그가 계속 할수 있도록 작은 장치들을 꾸준히 제공해야 한다. 이때 필요한 것이 리마인드, 체크인, 그리고 작은 피드백이다.

첫째는 리마인드다. 리마인드는 상대의 시야에서 목표가 사라지지 않게 만드는 일이지만, 감시나 재촉처럼 느껴지면 오히려 역효과가 난다. "지난번에 하기로 한 일은 왜 아직도 안 되었습니까?"라는 말은 약속을 상기시키기보다 죄책감과 반발심만 키운다. 좋은 리마인드는 사람을 직접 밀어붙이기보다, 스스로 떠올릴 수 있는 환경을 만드는 데 가깝다. 회의 자료 첫 장에 우리가 합의

한 원칙을 적어두거나, 협업 문서 상단에 이번 주의 공통 목표를 짧게 남겨두는 방식이 여기에 해당한다. 집에서는 냉장고 메모나 일정표처럼 말을 꺼내지 않아도 방향을 다시 떠올릴 수 있는 장치가 이 역할을 한다. 리마인드는 방향을 잃지 않게 돕는 장치여야 한다. 말로 다그치지 않아도 환경이 먼저 기억을 불러내면, 사람은 통제받는다는 느낌 없이 자연스럽게 다시 방향을 되짚게 된다.

둘째는 체크인이다. 체크인은 변화가 실제로 어떻게 작동하고 있는지를 함께 확인하는 시간이다. 여기서 중요한 것은 이것이 성과 점검이나 평가의 자리가 되어서는 안 된다는 점이다. 체크인의 목적은 통제가 아니라 정렬에 있다. "우리가 시도하고 있는 이 방식이 실제로는 어떻게 느껴집니까?", "생각보다 불편한 점은 없었습니까?", "계속하려면 무엇을 조금 손봐야 하겠습니까?"와 같은 질문은 상대가 겪는 현실적인 어려움을 조기에 드러내게 만든다. 사람은 큰 문제보다 말하지 못한 작은 불편 때문에 먼저 지친다. 체크인은 바로 그 작은 불편이 커지기 전에 발견하고, 다시 보폭을 맞추는 과정이다. 변화는 혼자 견디는 과제가 아니라 함께 조정해 가는 길이라는 감각이 있을 때 훨씬 오래 지속된다.

셋째는 작은 피드백이다. 많은 사람은 눈에 띄는 성과가 나온 뒤에야 반응하려 한다. 그러나 변화를 유지시키는 힘은 거대한 보상보다, 아주 작고 즉각적인 인정에서 나온다. 상대가 새로운 방식을 잠깐이라도 시도했을 때, 그 미세한 변화를 놓치지 않고 짚어주는 것이 중요하다. "아까 회의에서 먼저 요점을 정리해 주셔서 흐름이 훨씬 선명해졌습니다", "이번에는 이전보다 보고가 훨씬 간결해서 판단하기가 수월했습니다"와 같은 짧은 말이면 충분하다. 아이가 예전보다 10분 먼저 책상에 앉은 것, 배우자가 먼저 조율의 말을 꺼낸 것 같은 작은 변화도 마찬가지다. 이런 작은 피드백은 상대에게 지금의 변화가 실제로 의미가 있으며, 누군가 그것을 보고 있다는 확신을 준다. 사람은 자신의 노력이 보이지 않는다고 느끼는 순간 쉽게 지치지만, 작더라도 제대로 인정받는다고 느끼면 그 행동을 반복할 힘을 얻는다.

리마인드가 방향을 잃지 않게 돕는 장치라면, 체크인은 흔들리는 속도를 조절하는 장치이고, 작은 피드백은 다시 걸을 힘을 보태는 장치다. 이 셋은 따로 떨어져 작동하지 않는다. 목표를 잊지 않게 하고, 과정을 살피고, 작은 진전을 바로 인정해 줄 때 변화는 더 이상 다짐이 아니라 점차 익숙한 현실로 바뀐다. 반대로 이 유지 장치가 없으면, 아무리 좋은 설득도 쉽게 일회성 대화로 끝나고 만다. 설득의 깊이는 상대를 얼마나 강하게 움직였는가보다, 그가 얼마나 오래 걸어갈 수 있도록 도와주었는가에서 드러난다. 사람을 바꾸는 것은 잊지 않게 하고, 무너지지 않게 하며, 계속 해볼 만하다고 느끼게 하는 반복의 구조다. 설득이 시작의 기술이라면, 리마인드와 체크인, 작은 피드백은 지속의 기술이다. 변화는 여기서 비로소 습관이 되고, 습관은 현실을 바꾼다.

【 3부를 지나며 】

설득은 상대를 눌러 움직이게 만드는 일이 아니다. 3부는 그보다 먼저, 사람이 왜 쉽게 닫히고 왜 어떤 말 앞에서는 스스로 움직이기 시작하는지를 보여준다. 반감을 줄이는 말, 선택의 여지를 남기는 제안, 자기 생각이 반영된다고 느끼게 하는 질문은 같은 내용도 전혀 다르게 받아들이게 만든다. 사람은 강하게 밀린다고 오래 움직이지 않는다. 오히려 존중받고 있다고 느낄 때, 자기 판단이 살아 있다고 느낄 때, 움직일 이유를 스스로 발견할 때 더 깊게 반응한다. 결국 좋은 설득은 정답을 밀어 넣는 방식이 아니라, 상대가 스스로 결론에 가까워지게 만드는 구조를 세우는 일에 가깝다.

3부에서 기억할 원칙

- ✓ 설득은 이기기보다 함께 방향을 찾는 일이다.
- ✓ 공감 없는 논리는 쉽게 저항으로 돌아온다.
- ✓ 사람은 선택하고 참여할 때 더 오래 움직인다.
- ✓ 질문은 주도권을 돌려줄 때 가장 힘을 가진다.

4부 :

사람을 성장시키는 리더십의 원칙

◆ ◆ ◆ ◆ ◆

3부를 통해 우리는 상대를 코너로 몰지 않고도 작은 "예"를 쌓아가며 큰 합의를 이끌어내는 설득의 기술을 살펴보았다. 하지만 일터와 가정에서 우리의 목표는 단발적인 설득으로 끝나지 않는다. 함께하는 사람들을 지속적으로 성장시키고, 잘못된 행동을 바로잡으며, 더 나은 방향으로 이끌어야 하는 리더의 자리가 기다리고 있다.

마지막 4부에서는 반발 없이 사람을 변화시키는 리더십을 다룬다. 사람 자체를 평가하지 않고 행동을 다루는 안전한 피드백 구조, 뼈아픈 직설 대신 스스로 깨닫게 돕는 거울 대화법, 그리고 상대의 체면을 지켜주며 자발성을 끌어내는 리더의 언어가 여기에 포함된다. 사람을 변화시키는 가장 강력한 동력은 강압적인 통제가 아니라, 그 사람 안에 숨어 있는 더 나은 가능성을 믿어주는 조용한 지지이다.

제 22 장

피드백은 사람이 아니라 행동에만 집중하라

Dale Carnegie

피드백은 사람보다 행동을 다룰 때, 안전하게 작동한다

◇ 피드백이 사람 평가가 되는 순간 관계는 깨진다

1장에서 이미 살펴본 것처럼, 사람 전체를 평가하는 말은 쉽게 방어를 부른다. 그래서 22장에서 그 일반론을 길게 반복할 필요는 없다. 여기서 더 중요한 것은 리더십 상황에서 피드백이 어떻게 다르게 작동하느냐이다. 상사와 팀원, 부모와 자녀처럼 계속 함께 가야 하는 관계에서는 피드백이 한 번의 지적으로 끝나지 않는다. 그 말은 이후의 보고 방식, 질문 습관, 협업 태도, 시도하려는 용기까지 바꿔놓는다. 그렇기 때문에 좋은 피드백은 잘못을 지적하는 말이 아니라, 다음 행동을 설계하는 말이어야 한다.

성장 피드백에서 중요한 것은 인상을 남기는 말이 아니라 기준을 남기는 말이다. "왜 이렇게 늘 덤벙대는가" 같은 말은 상대를 움츠러들게 만들 수는 있어도, 다음번에 무엇을 어떻게 바꿔야 하는지는 남기지 못한다. 반면 "이번 보고서에서는 결론의 근거가 되는 통계 자료 두 개가 빠져 있었고, 그 때문에 의사결정이 하루 늦어졌다"라고 말하면 대화는 사람 평가가 아니라 수정 가능한 행동 위에 놓인다. 전자는 기분을 건드리고, 후자는 행동을 조정하게 만든다. 리더의 몫은 잘못을 찾아내는 데서 끝나지 않는다. 반복 관계 안에서 상대가 무엇을 먼저 점검해야 하는지, 어떤 행동이 신뢰를 만들고 어떤 행동이 협업을 늦추는지 보이게 해주는 데 있다. 그래서 피드백은 감정의 분출이 아니라 운영의 언어여야 한다. 좋은 피드백은 상대를 위축시키지 않으면서도, 다음번에는 무엇을 다르게 해야 하는지를 분명하게 남긴다. 결국 성장 피드백의 핵심은 판단이 아니라 설계에 있다.

◇ 인정→관찰→요청으로 이어지는 피드백 구조

반복 관계 안에서 필요한 것은 기교가 아니라 구조이다. 그때 가장 안정적으로 작동하는 방식이 인정 → 관찰 → 요청의 흐름이다. 이 구조의 강점은 듣기 좋게 포장하는 데 있지 않다. 무엇이 문제였는지 흐리지 않으면서도, 다음 행동으로 자연스럽게 이어지게 만든다는 데 있다. 성장 피드백은 상대를 눌러 이기는 말이 아니라, 행동을 조정할 수 있게 만드는 말이어야 한다.

첫 번째 단계는 인정이다. 여기서 중요한 것은 막연한 칭찬이 아니다. 성격을 치켜세우거나 형식적인 덕담을 건네는 것이 아니라, 상대가 해온 노력과 현재의 맥락을 정확히 짚어주는 것이다.

"이번 프로젝트에서 기초 자료를 정리하느라 시간이 많이 들었을 텐데, 수고 많았어요"라는 말은 상대가 무시당하지 않았다는 감각을 준다. 반복 관계에서는 이 감각이 중요하다. 내 노력이 보였다는 확신이 있어야 다음 말을 방어적으로만 듣지 않게 된다.

두 번째 단계는 관찰이다. 이 지점에서는 평가를 줄이고 사실을 분명히 해야 한다. "보고서가 성의 없어 보인다"라는 말은 이미 판단이 들어간 표현이다. 반면 "결론의 근거가 되는 통계 자료 두 개가 빠져 있다"라고 말하면, 대화는 확인 가능한 행동과 결과 위에 놓인다. 성장 피드백은 막연한 인상을 남겨서는 안 된다. 수정할 수 있는 행동 단위가 선명해야 다음 행동도 설계할 수 있다.

세 번째 단계는 요청이다. 많은 피드백이 이 단계에서 힘을 잃는다. 문제를 짚는 데까지는 성공했지만, 마지막을 "다음부터는 잘해달라" 같은 추상적인 말로 닫아버리기 때문이다. 요청은 가능한 한 구체적이어야 한다. "내일 오전까지 누락된 통계 자료를 보완해서 다시 공유해줄 수 있는가"처럼 바로 실행할 수 있는 수준으로 내려와야 한다. 요청은 단순한 마무리 문장이 아니다. 피드백을 실제 행동 변화로 연결하는 핵심 단계이다.

이 구조가 중요한 이유는 분명하다. 인정은 관계를 열고, 관찰은 행동을 분명히 하며, 요청은 다음 행동을 남긴다. 인정이 빠지면 공격처럼 들리고, 관찰이 빠지면 평가가 되며, 요청이 빠지면 훈계로 끝난다. 반대로 이 세 단계가 자연스럽게 이어지면, 상대는 존중받고 있다고 느끼면서도 무엇을 바꿔야 하는지를 선명하게 이해할 수 있다. 이 구조의 목적은 기분을 덜 상하게 하는 데만 있지 않다. 피드백을 성장의 루틴으로 바꾸는 데 있다.

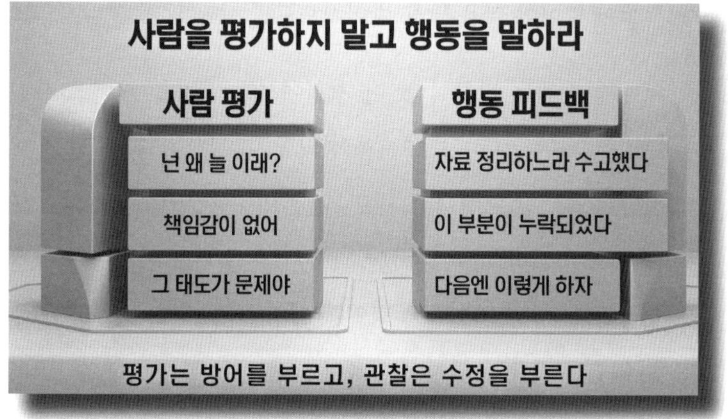

팀원이 보고를 늦게 올리는 상황이라면 이렇게 말할 수 있다.

"최근 주간 보고를 맡아줘서 도움이 되었습니다. 그런데 지난 2주 동안 제출이 이틀씩 늦었고, 계속 팀 일정이 뒤로 밀리네요. 다음 주부터는 마감일 오전까지 초안 먼저 공유해주면 좋겠습니다."

이렇게 말하면 협업 조정으로 들린다. 동시에 다음번에 무엇이 달라져야 하는지도 남는다. 반복 관계에서 중요한 것은 상대를 위축시키지 않으면서, 다음 행동은 분명하게 남겨야 하는 것이다.

◇ 타이밍이 맞아야 피드백이 성장으로 이어진다

피드백은 무엇을 말하느냐만큼, 언제 말하느냐도 중요하다. 타이밍이 어긋난 피드백은 내용이 맞아도 효과가 떨어진다. 감정이 가장 격한 순간에 바로 쏟아내면 상대는 배우기보다 방어하기 쉽고, 한참 지나버린 뒤에 꺼내면 무엇을 어떻게 바꾸라는 뜻인지 흐려진다. 좋은 피드백은 문제를 보았을 때 무조건 즉시 말하는 것도 아니고, 불편하다고 오래 미루는 것도 아니다. 상대가 실제로 행동을 조정할 수 있는 시점을 고르는 것이 중요하다.

즉각적인 조정이 필요한 장면이 있다. 외부 공유 직전 자료의 수치가 맞지 않거나, 회의에서 꼭 짚어야 할 기준이 빠졌다면 짧고 명확하게 바로잡아주는 편이 낫다. 반대로 반복되는 습관이나 협업 방식처럼 조금 더 넓은 맥락이 필요한 문제는 공개된 자리보다 별도의 1:1 대화에서 다루는 편이 좋다. 공개석상에서의 지적은 기준 전달에는 빠를 수 있어도, 성장 피드백으로서는 오히려 방어와 위축만 남기기 쉽다. 리더는 즉시 교정할 것인지, 따로 시간을 잡아 조정할 것인지를 구분할 수 있어야 한다.

빠른 교정이 필요할 때에는 짧고 정확한 피드백이 효과적이다.

"오늘 회의 자료 준비하느라 수고 많았어요. 다만 마지막 페이지 그래프 수치가 앞쪽 요약본과 일치하지 않네요. 이 부분만 다시 확인해서 오후 두 시 전까지 수정본을 공유해주면 좋겠습니다."

반복되는 습관이나 업무 방식의 조정이 필요할 때는 조금 더 넓은 맥락이 필요하다.

"최근 프로젝트에서 보여준 기획력 덕분에 팀 안에서 좋은 아이디어가 많이 나왔네요. 그런데 최근 일주일간 공유해준 업무 일지를 보니 마감 기한을 넘긴 건이 세 차례 있었습니다. 다음 주부터는 마감 당일 오전에 진행 상황을 한 번 더 공유해주면 좋을 것 같아요. 내가 도울 부분이 있다면 함께 조정하겠습니다."

중요한 것은 길이가 아니라 시점과 목적이다. 지금 필요한 것이 즉각적 수정인지, 습관 조정인지, 운영 기준의 재설정인지를 먼저 구분해야 피드백도 정확해진다.

◇ 한 번의 지적보다 반복 가능한 기준을 만드는 것이 더 중요하다

좋은 리더는 같은 문제를 여러 번 지적하는 사람이 아니다. 한 번의 피드백을 통해 다음부터 스스로 점검할 기준을 남기는 사람이다. 한 번의 지적은 순간의 수정을 만들 수 있지만, 기준이 없으면 행동은 쉽게 원래대로 돌아간다. 그래서 피드백은 "이번에는 이렇게 해"에서 끝나면 안 된다. 다음에도 스스로 점검할 수 있는 기준까지 남겨야 한다.

"보고서는 꼼꼼히 써야 해"라고 말하는 것은 잔소리로 남기 쉽다. 반면 "보고서 제출 전에는 수치, 출처, 마감 영향 이 세 가지를 마지막으로 점검하자"라고 말하면 기준이 남는다. 전자는 리더가 계속 다시 말해야 하지만, 후자는 상대가 스스로 확인할 수 있다. 성장 피드백의 목적은 리더가 계속 고쳐주는 구조를 만드는 데 있지 않다. 상대가 스스로 조정할 수 있도록 점검 기준을 내면화하게 만드는 데 있다.

이 점은 부모와 자녀 관계에서도 같다. "숙제할 때 집중 좀 해"라고 말하는 것보다 "숙제 시작 전에는 휴대폰을 치우고, 20분 집중 후 5분 쉬는 방식으로 하자"라고 말하는 편이 더 낫다. 전자는 기분만 남기고, 후자는 행동 기준을 남긴다. 지적은 순간을 바꾸지만, 기준은 습관을 바꾼다.

피드백이 성장의 언어가 되려면 세 가지가 남아야 한다. 무엇이 문제였는지, 다음에는 무엇을 다르게 해야 하는지, 그리고 그 행동을 반복해서 점검할 기준이 무엇인지이다. 이 셋이 남지 않으면 피드백은 감정 소모로 끝나기 쉽다. 반대로 이 셋이 남으면 피드백은 팀의 운영 원리가 되고, 관계 안의 신뢰 자산이 된다.

피드백은 한 번 하고 끝나는 말이 아니다. 특히 상사와 팀원, 부모와 자녀처럼 계속 관계가 이어지는 장면에서는 더 그렇다. 좋은 피드백은 상대를 순간적으로 눌러 이기는 말이 아니라, 다음 대화도 가능하게 만드는 말이어야 한다. 행동을 분명히 짚고, 다음 행동을 설계하고, 반복 가능한 기준을 남기는 것. 바로 거기서 피드백은 지적이 아니라 신뢰와 성장의 루틴이 된다.

제 23 장

명령 대신 질문할 때
사람은 스스로 답을 찾는다

Dale Carnegie

코칭은 공감에서 멈추지 않고, 실행 약속으로 완성된다

◇ 질문은 통제 대신 주도권을 돌려준다

사람은 지시를 받을 때보다 스스로 답을 말했을 때 더 강하게 움직인다. 누군가가 정답을 곧바로 던져주면 무엇을 해야 하는지는 알 수 있다. 그러나 왜 그렇게 해야 하는지까지 자기 것으로 받아들이는 데는 한계가 있다. 겉으로는 따르는 것처럼 보여도 마음속에서는 여전히 남이 정한 기준을 억지로 따라간다는 느낌이 남기 쉽다. 반면 질문은 다르다. 질문은 상대를 수동적으로 평가받는 위치에 머물게 하지 않고, 스스로 생각하고 판단하는 자리로 끌어올린다. 바로 이 지점에서 질문은 단순한 말하기 기술이 아니라, 주도권을 돌려주는 방식이 된다.

많은 리더가 질문을 던진다고 하면서 사실은 답을 유도하는 경우가 많다. "이게 더 낫지 않겠습니까?", "그렇게 하면 문제가 생기지 않겠어요?" 같은 말은 형식만 질문일 뿐, 실제로는 이미 결론이 정해진 압박에 가깝다. 이런 질문은 상대에게 생각할 자유를 주지 않는다. 오히려 정답을 빨리 눈치채고 맞히라는 신호처럼 들린다. 그러면 사람은 자기 판단을 꺼내기보다 상대가 원하는 답을 찾는 데 집중하게 된다. 질문이 살아 있으려면 상대가 자신의 언어로 상황을 해석하고, 선택의 근거를 말할 수 있어야 한다. 질문의 핵심은 상대를 몰아가는 데 있지 않고, 스스로 말하게 하는 데 있다.

질문이 중요한 이유는 사람에게 자기결정감이 필요하기 때문이다. 인간은 통제당한다고 느끼는 순간 에너지가 줄어든다. 해야 할 일을 알고 있어도 마음은 쉽게 닫히고, 책임은 최소한으로만 떠안으려 한다. 반대로 자신이 판단 과정에 참여했다고 느끼면 태도가 달라진다. 같은 목표라도 내가 선택한 일처럼 느껴질 때 훨씬 오래 버티고, 더 진지하게 책임지게 된다. 질문은 바로 그 차이를 만든다. "이 상황에서 가장 먼저 풀어야 할 문제는 무엇입니까?", "지금 방식에서 가장 아쉬운 점은 무엇이라고 생각합니까?", "다시 해본다면 어느 부분을 바꾸고 싶습니까?" 같은 질문은 상대를 방어의 자리에서 사고의 자리로 옮겨놓는다. 비판 받는 사람에서, 문제를 함께 다루는 사람으로 위치가 바뀌는 것이다.

데일 카네기가 강조한 것도 결국 같은 원리이다. 그는 사람을 움직이려면 명령하기보다 질문하라고 말한다. 핵심은 부드럽게 표현하라는 예의의 문제가 아니다. 질문은 상대의 자존심을 덜 건드리면서도 생각의 책임을 상대에게 남겨두는 방식이기 때문이다.

명령은 따르게 할 수는 있어도, 스스로 납득하게 만들기는 어렵다. 반면 질문은 상대가 자기 판단으로 결론에 도달하게 만든다. 사람은 남이 억지로 넣어준 답보다, 스스로 도달한 결론을 더 오래 기억하고 더 강하게 붙든다.

질문의 또 다른 힘은 대화의 공기를 바꾼다는 데 있다. 직설적인 지적이 대화를 위아래의 구조로 만든다면, 좋은 질문은 같은 문제를 놓고 함께 들여다보는 분위기를 만든다. 이때 상대는 자신의 부족함을 들킨 사람처럼 느끼기보다, 해결 과정에 참여하는 사람처럼 느끼게 된다. 감정의 결이 달라지면 반응도 달라진다. 방어와 변명으로 흘러가던 대화가 점검과 수정의 대화로 바뀌기 시작한다. 질문은 상대를 편하게 해주기 위한 장식이 아니라, 변화가 일어날 수 있는 심리적 구조를 만드는 도구이다.

질문이 언제나 쉬운 것은 아니며 질문하려면 정답을 먼저 쥐고 흔들고 싶은 마음을 참아야 한다. 내가 더 빨리 말할 수 있고, 더 정확히 지적할 수 있다는 확신을 내려놓아야 한다. 그래서 질문은 종종 직설보다 더 많은 인내를 요구한다. 그러나 사람을 바꾸는 일은 원래 빠른 판단이 아니라 느린 설계에 가깝다. 당장의 효율만 보면 지적이 더 시원해 보일 수 있다. 하지만 상대가 스스로 문제를 이해하고, 자기 언어로 받아들이고, 자기 의지로 고치게 만들려면 질문이 훨씬 효과적이다.

좋은 리더는 답을 독점하지 않는다. 그는 질문을 통해 상대 안에 이미 있는 생각과 가능성을 밖으로 끌어낸다. 무엇이 문제인지, 어디서 막히는지, 어떤 선택이 더 나은지 스스로 말하게 만든다. 바로 그 순간 상대는 단순히 지시를 따르는 사람이 아니라, 자신의 변화를 책임지는 사람이 된다. 질문은 통제를 느슨하게 만드는 것이 아니라, 오히려 더 깊은 책임과 더 오래가는 변화를 이끌어내는 방식이다. 사람은 억지로 끌려갈 때보다, 스스로 선택했다고 느낄 때 훨씬 더 멀리 간다. 그래서 리더십은 명령의 정확성보다, 질문을 통해 주도권을 돌려주는 능력에 더 가까워야 한다.

◇ 실수를 스스로 보게 만드는 언어적 거울 대화법 일곱 가지

직설이 상대의 잘못을 바로 겨누는 방식이라면, 거울 대화법은 상대가 자신의 모습을 스스로 들여다보게 만드는 방식이다. 여기서 핵심은 리더가 정답을 대신 말하지 않는다는 점이다. 사람은 타인의 입을 통해 지적받은 실수보다, 스스로 발견한 문제를 더 깊이 받아들인다. 남이 지적한 오류는 저항하기 쉽지만, 내가 직접 본 허점은 변명의 여지를 줄인다. 자존심을 건드리지 않으면서 변화를 이끌어내고 싶다면, 답을 던지기보다 질문의 각도를 바꾸는 편이 훨씬 효과적이다. 거울 대화법은 바로 그 질문의 기술이다.

첫째는 의도와 결과의 간극을 비춰주는 것이다. 사람은 자신이 무엇을 의도했는지에만 집중하고, 실제로 어떤 결과가 나왔는지는 상대만큼 선명하게 보지 못할 때가 많다. 이때 "이번 업무를 통해 이루고자 했던 본래의 목표와 지금 결과물 사이에는 어떤 차이가 보입니까?"라고 묻는 방식이 유효하다. 이 질문은 상대의 의도를 무시하지 않으면서도, 결과를 다시 바라보게 만든다. 스스로 인식하는 순간, 방어보다 수정 쪽으로 움직일 가능성이 커진다.

둘째는 데이터를 그대로 거울로 쓰는 것이다. 리더가 먼저 결론을 내려버리면 상대는 쉽게 반박하거나 위축된다. 그러나 숫자와 결과를 앞에 놓고 "이 수치가 지금 우리에게 말해주는 가장 중요한 점은 무엇입니까?"라고 묻는다면 분위기가 달라진다. 이 질문은 리더의 판단을 잠시 유보하고, 상대가 스스로 데이터를 읽게 만든다. 특히 실수나 오류가 분명히 드러나는 상황에서는 감정 섞인 지적보다 이런 방식이 훨씬 더 차분하고 설득력 있게 작동한다.

셋째는 제삼자의 시선을 빌려주는 것이다. 사람은 자기 논리 안에 오래 머물수록 그 안의 허점을 잘 보지 못한다. 이때 "만약 이 제안서를 처음 보는 고객이라면 가장 먼저 어떤 의문을 가질 것 같습니까?"와 같이 제삼자의 눈으로 보게 만드는 질문이 필요하다. 이 방식의 장점은 상대와 정면으로 부딪히지 않는다는 데 있다. 문제를 "네가 틀렸다"는 방식으로 말하지 않고, "다른 사람은 어떻게 볼까"라는 관점으로 옮기기 때문에 상대도 비교적 덜 방어적으로 받아들일 수 있다.

넷째는 미래의 장면을 먼저 보여주는 것이다. 현재의 계획은 그 안에 있는 사람에게는 쉽게 납득되지만, 실제로 실행되었을 때 어떤 문제를 일으킬지는 잘 보이지 않을 수 있다. "이대로 실행에 옮겼을 때 가장 먼저 문제가 생길 가능성이 큰 지점은 어디라고 보십니까?"라고 묻는 식의 질문이 효과적이다. 이 질문은 현재의 허점을 직접 비판하지 않으면서도, 미래를 통해 현재를 다시 점검하게 만든다. 사람은 이미 벌어진 실수보다 앞으로 닥칠 위험을 떠올릴 때 더 자연스럽게 계획을 수정하기도 한다.

다섯째는 과거의 성공과 비교하게 만드는 것이다. 상대가 잘 해냈던 경험은 가장 설득력 있는 거울이 된다. "지난번 A 프로젝트에서는 완성도가 아주 높았는데, 이번에는 그때와 비교해 어떤 디테일이 빠졌다고 느끼십니까?"라고 묻는 방식이 여기에 해당한다. 이 질문은 상대를 깎아내리지 않으면서도, 스스로 자신의 기준을 떠올리게 만든다. 남과 비교하면 자존심이 상하지만, 자신이 잘했던 때와 비교하면 스스로 부족함을 인정할 여지가 훨씬 커진다.

여섯째는 설명을 다시 요청함으로써 각도를 틀어주는 것이다. 논리적 허점은 종종 설명을 다시 해보는 과정에서 드러난다. "이 부분이 전체 전략과 어떻게 연결되는지 제가 이해할 수 있도록 다시 한번 설명해주시겠습니까?"라는 질문은 상대를 곤란하게 만들기 위한 질문이 아니다. 오히려 자신의 생각을 다시 정리하고 말로 꺼내는 과정에서, 스스로 논리의 빈틈이나 연결의 약함을 발견하게 만든다. 이 질문은 직접 반박하지 않고도 자기 점검을 유도하는 매우 유용한 방식이다.

일곱째는 책임을 비난이 아니라 보완의 권한으로 바꾸는 것이다. 실수를 발견한 뒤에도 많은 대화가 실패하는 이유는, 잘못을 확인하는 데서 멈추고 다음 행동으로 이어지지 않기 때문이다. "이 결과물을 더 나아지게 만들기 위해 지금 가장 먼저 손봐야 할 한 가지는 무엇이라고 생각하십니까?"라는 질문은 바로 이 지점을 겨냥한다. 문제를 상대의 결함으로 몰아가지 않고, 수정의 주도권을 상대에게 돌려주는 것이다. 사람은 책임을 추궁받을 때보다, 개선의 권한을 부여받을 때 훨씬 더 능동적으로 움직인다.

이 일곱 가지 질문의 공통점은 하나다. 상대를 몰아붙여 고개 숙이게 만드는 것이 아니라, 스스로 자기 모습을 바라보게 만든다는 점이다. 거울 대화법은 리더가 더 많이 말하는 기술이 아니라, 상대가 더 정확하게 보게 만드는 기술이다. 실수를 직접 지적하는 것이 언제나 잘못된 것은 아니지만, 자존심이 걸린 상황에서는 오히려 거울을 건네는 방식이 더 깊은 변화를 만든다. 사람은 남이 강제로 보여준 결점보다, 자신이 직접 발견한 부족함을 더 오래 기억하고 더 진지하게 고치려 하기 때문이다.

리더의 역할은 언제나 정답을 먼저 말해주는 데 있지 않다. 때로는 상대가 자기 언어로 답에 도달할 수 있도록 질문의 각도를 세심하게 조정하는 데 있다. 거울 질문은 느려 보일 수 있다. 그러나 그 느림은 상처를 줄이고, 자존심을 지키며, 더 오래가는 변화를 만든다. 바로 그 점에서 거울 대화법은 직설보다 훨씬 우아하고, 동시에 훨씬 강력한 리더십의 언어가 된다.

◇ 실수를 학습으로 바꾸는 회고 대화법

실수는 누구에게나 불편하고 아픈 경험이다. 그러나 더 큰 문제는 실수 그 자체보다, 그 경험이 아무 의미 없이 지나가 버리는 데 있다. 많은 조직에서 실수는 곧바로 책임 소재를 가리는 일로 이어지고, 대화의 초점은 무엇을 배울 수 있는가보다 누가 잘못했는가에 머무른다. 그렇게 되면 사람은 실수에서 배우기보다, 다음에는 어떻게 들키지 않을지를 먼저 고민하게 된다. 반대로 현명한 리더는 실수를 정죄의 근거가 아니라 학습의 재료로 바꾼다. 같은 실패라도 어떻게 회고하느냐에 따라 그것은 조직을 위축시키는 기억이 될 수도 있고, 다음 판단을 더 나아지게 만드는 자산이 될 수도 있다.

그때 유용한 흐름이 잘한 점, 배운 점, 그리고 다음으로 이어지는 회고 구조다. 이 구조의 힘은 실패의 순간에도 사람의 자존심을 완전히 무너뜨리지 않으면서, 자연스럽게 성장의 방향으로 시선을 돌리게 만든다는 데 있다. 회고가 제대로 작동하려면 상대가 자신의 실수를 부끄러움의 흔적으로만 기억하지 않고, 그 안에서 의미를 발견할 수 있어야 한다.

첫 번째 단계는 그럼에도 불구하고 잘한 점을 확인하는 것이다. 여기서 말하는 잘한 점은 억지 칭찬이 아니다. 결과가 아쉬웠더라도 그 과정에서 지켜낸 태도나 대응의 강점을 정확히 짚어주는 것이다. "결과는 기대에 미치지 못했지만, 문제가 생기자마자 바로 공유했고 해결 방안을 먼저 정리해 온 점은 분명히 좋았습니다"라고 말할 수 있다. 이런 말은 실수를 없던 일로 덮어주는 것이 아니다. 오히려 상대가 자신의 실패를 존재 전체의 실패로 받아들이지 않게 만들어 준다. 회고가 가능하려면 먼저 무너진 자존심 위에 최소한의 안정감이 다시 세워져야 한다.

두 번째 단계는 이번 일을 통해 배운 점을 분명하게 하는 것이다. 이 단계에서 질문의 방향이 중요하다. "무엇을 잘못했습니까?"라고 묻는 순간 대화는 쉽게 자책으로 기울어진다. 그러나 "이번 일을 겪고 나서, 다음에는 무엇을 먼저 확인해야 한다는 점을 알게 되었습니까?"라고 물으면 시선이 달라진다. 과거의 잘못을 파헤치는 대신, 미래를 위한 정보와 교훈을 정리하게 되기 때문이다. 실수는 그대로 두면 상처로 남지만, 배운 점이 명료해지는 순간부터는 경험이 된다. 사람은 자신이 겪은 실패가 다음 판단을 더 정확하게 만들어 준다고 느낄 때, 그 기억을 견딜 수 있게 된다.

세 번째 단계는 다음에 적용할 행동을 구체적으로 정하는 것이다. 많은 회고가 이 지점에서 흐려진다. 좋은 이야기를 나누고, 반성도 하고, 교훈도 얻었다고 느끼지만 정작 무엇을 바꿀지는 정하지 않은 채 끝나버린다. 그러면 회고는 금세 감정 정리 이상의 힘을 잃는다. 마지막에는 반드시 "그 배움을 바탕으로 다음에는 무엇을 다르게 할 것인가"를 구체적으로 확인해야 한다. "다음 프로젝트의 체크리스트에 어떤 항목을 추가하면 좋겠습니까?", "비슷한 상황이 다시 왔을 때 가장 먼저 바꿔야 할 행동은 무엇입니까?" 와 같은 질문이 필요한 이유가 여기에 있다. 변화는 깨달음만으로 남지 않고, 행동의 형태를 갖추어야 비로소 현실이 된다.

이 세 단계는 따로 떨어져 있지 않다. 잘한 점을 확인해 자존심을 세우고, 배운 점을 정리해 의미를 만들며, 다음 행동을 확정해 변화를 현실로 연결하는 흐름이다. 이 구조가 있어야 실수는 단순한 실패의 기록으로 끝나지 않는다. 사람은 결과가 좋지 않았더라도, 그 일을 통해 무엇이 남았는지를 알게 될 때 다시 시도할 용기를 얻는다. 반대로 이 과정이 없으면 실수는 곧바로 위축과 회피로 이어지기 쉽다.

이 회고 방식은 조직 안에서만 필요한 것이 아니다. 아이가 시험을 망쳤을 때도 "왜 이렇게 틀렸니?"라고 묻는 대신 "그래도 끝까지 포기하지 않고 풀어낸 점은 좋았다. 이번 일을 통해 다음에는 무엇을 먼저 준비해야겠다고 느꼈니? 그럼 이번 주에는 어떤 방식부터 바꿔볼까?"처럼 가야 배움이 남는다. 가까운 관계일수록 실수 뒤의 대화 구조는 더 중요하다. 실수 이후의 말이 그 사람의 다음 시도를 결정하기 때문이다.

리더의 역할은 실수를 심판하는 데 있지 않다. 더 중요한 역할은 실패의 장면 속에서 무엇이 아직 살아 있고, 무엇을 배울 수 있으며, 다음에는 무엇을 바꾸어야 하는지를 함께 정리해주는 데 있다. 사람은 자신의 실수가 학습으로 전환될 수 있다고 느낄 때, 실패를 숨기기보다 드러내고 함께 다루려 한다. 바로 그때 조직은 실수를 두려워하는 집단에서, 실수를 통해 더 나아지는 집단으로 바뀌기 시작한다.

회고의 목적은 누가 틀렸는지를 확정하는 데 있지 않으며, 그 일을 겪은 사람이 더 나은 판단을 할 수 있게 만드는 데 있다. 잘한 점을 확인하고, 배운 점을 정의하고, 다음 행동을 정하는 것. 이 간결한 흐름이 실수를 모멸감이 아니라 성장의 재료로 바꾸는 가장 우아한 방법이다. 실패를 학습으로 바꾸는 리더십은 사람을 무너지게 하지 않는다. 오히려 넘어졌던 자리에서 다시 일어날 수 있는 이유를 함께 만들어 준다.

과정 속의
작은 변화를 기록하라

사람은 결과만이 아니라, 변화의 증거를 볼 때 끝까지 자란다

◇ 결과만 보이면 사람은 금방 지친다

많은 조직은 여전히 결과를 중심으로 움직인다. 최종 실적, 마감 수치, 눈에 보이는 성과가 평가의 기준이 된다. 결과는 중요하지만 사람을 성장시키는 일에서 결과만 바라보는 방식은 생각보다 큰 피로를 남긴다. 사람은 완성된 성과 하나만으로 긴 과정을 버티지 못한다. 아직 끝나지 않은 시간을 견디는 동안, 지금 내가 앞으로 가고 있는지 확인할 증거가 필요하기 때문이다.

큰 목표를 향해 가는 길은 길고 단조롭다. 하루하루는 비슷하고, 노력에 비해 손에 잡히는 변화는 작아 보인다. 이때 리더가 최종 결과만 묻기 시작하면 구성원은 쉽게 지친다. 지금의 수고가 의미 있는 축적인지, 아니면 제자리걸음인지 알 수 없기 때문이다. 사람은 단순히 열심히 일한다고 오래 버티지 않는다. 지금의 노력이 헛되지 않다는 증거가 있어야 다시 힘을 낸다. 심리학자 테레

사 빌레가 말한 전진의 법칙도 같은 방향을 가리킨다. 사람의 내적 동기를 자극하는 것은 거대한 성공 한 번이 아니라, 작더라도 분명한 전진의 경험이라는 점이다. 인간은 멀리 있는 결승선만으로 움직이지 않는다. 오히려 중간중간 "지금 잘 가고 있다"는 확인이 있을 때 더 오래 버틴다.

카네기가 강조한 진심 어린 인정도 마찬가지다. *"Be hearty in your approbation and lavish in your praise."* **이 말을 지금의 리더십 언어로 옮기면, 마지막 결과만 보지 말고 그 과정에서 쌓인 전진도 보이게 하라는 뜻에 가깝다.** 사람은 자신이 어디까지 왔는지 누군가 정확히 짚어줄 때 계속 갈 힘을 얻는다.

현명한 리더는 결과의 심판자에 머물지 않는다. 그는 변화의 기록자가 된다. 아직 결실이 완성되지 않았더라도, 몇 주 전과 비교해 달라진 점을 먼저 발견하고 남긴다. "아직 최종 성과로 이어지지는 않았지만, 이번 주에는 협업 속도가 지난달보다 훨씬 빨라졌네요"라는 말은 단순한 격려가 아니다. 그것은 지금의 수고가 실제로 전진하고 있다는 증거를 건네는 일이다. 사람은 결과보다 변화의 증거를 볼 때 더 오래 자란다. 오늘 한 일이 완벽하지 않아도, 지난주보다 조금 정교해졌다면 그것은 이미 성장한 것이다. 이런 작고 구체적인 변화를 누군가가 알아보고 이어서 보여줄 때, 사람은 비로소 자신의 시간이 쌓이고 있다고 느낀다. 바로 그 감각이 지치지 않게 만드는 힘이 된다.

리더십은 마지막 성과를 평가하는 데서만 드러나지 않는다. 더 중요한 것은 결과가 아직 멀리 있는 동안에도, 사람에게 지금 여기의 전진을 보여줄 수 있는가에 있다. 최종 결과는 한 번 보여주지만, 변화의 증거는 매주 보여줄 수 있다. 사람을 끝까지 걷게 만드는 힘은 후자 쪽에 있다.

◇ 변화를 포착하는 세 가지 관찰 포인트

리더의 시선이 결과에만 머물러 있으면 성장의 중요한 장면들은 쉽게 지나간다. 사람의 성장은 어느 날 갑자기 완성된 성과로만 나타나지 않으며, 눈에 잘 띄지 않는 작은 변화들 속에서 조용히 시작된다. 아직 숫자는 크게 달라지지 않았지만 시도의 밀도가 달라지고, 반응하는 태도가 바뀌며, 실패 뒤 다시 일어나는 힘이 이전보다 단단해지는 순간들이 있다. 성장의 흐름을 읽으려면 바로 이런 변화를 시간의 축 위에서 보아야 한다.

첫 번째 관찰 포인트는 빈도이다. 성장은 시도의 횟수에서 먼저 드러난다. 이전보다 더 자주 의견을 내고, 더 자주 시도하고, 더 자주 움직이기 시작했다면 아직 결과가 작더라도 중요한 변화가 시작된 것이다. 시도의 빈도가 늘어난다는 것은 실패를 두려워하기보다 계속 부딪혀 보려는 힘이 생겼다는 뜻이기도 하다. 리더는 이 변화를 단발성으로 보지 말고, 몇 주간의 흐름으로 확인해야 한다.

두 번째는 태도이다. 이전에는 지시받은 일만 처리하던 사람이 어느 순간 스스로 질문을 던지고, 대안을 제안하고, 문제를 자기 일처럼 생각하기 시작한다면 그것은 큰 변화이다. 불평하던 사람이 개선 방향을 먼저 말하고, 방어하던 사람이 피드백을 듣고 조정하려는 자세를 보인다면 그는 이미 수동적인 수행자에서 능동적인 파트너로 변화하고 있는 것이다. 태도의 변화는 하루의 인상보다 반복된 장면 속에서 더 정확히 드러난다.

세 번째는 회복력이다. 중요한 것은 넘어지지 않는 것이 아니라, 넘어졌을 때 얼마나 빨리 다시 중심을 잡는가이다. 예전에는 작은 지적에도 오래 위축되던 사람이 이제는 피드백을 듣고 바로 수정 방향을 정리해 온다면, 그것은 분명한 성장이다. 회복력은 실패를 자기 존재의 타격으로 받아들이지 않고, 다음 행동을 위한 정보로 바꾸기 시작했다는 뜻이다. 리더는 실수의 유무보다 실수 이후의 회복 속도를 함께 보아야 한다.

이 세 가지는 따로 떨어져 있지 않다. 시도의 빈도가 늘어나면 태도도 달라지기 쉽고, 태도가 달라지면 회복력도 함께 자란다. 성장의 징후를 본다는 것은 단일한 지표를 확인하는 일이 아니라, 사람 안에서 일어나고 있는 변화를 시간의 흐름 속에서 읽어내는 것이라 할 수 있다.

리더의 중요한 역할 중 하나는 아직 완성되지 않은 성장을 먼저 알아보는 데 있다. 아직 결과가 작더라도, 시도가 늘었고, 태도가 달라졌고, 회복이 빨라졌다면 그는 분명히 자라고 있는 중이다. 바로 그 사실을 먼저 포착하고 남겨주는 리더가 있을 때, 사람은 자신이 제자리를 맴도는 것이 아니라 앞으로 가고 있다는 확신을 얻는다.

◇ 성장의 증거를 남기는 기록 습관

사람은 생각보다 쉽게 자신의 변화를 놓친다. 어제 애써서 해낸 일도 오늘의 바쁜 일정 속에서는 금세 희미해지고, 조금씩 나아진 태도와 습관은 당사자에게조차 잘 보이지 않는다. 성장이라는 것은 한 번에 드러나는 사건이 아니라, 작고 미세한 변화가 쌓여 만들어지는 흐름이기 때문이다. 리더가 해야 할 중요한 일 중 하나는, 구성원이 스스로 놓치기 쉬운 그 전진의 흔적을 대신 포착하고 남겨주는 것이다. 기록되지 않은 변화는 쉽게 잊히지만, 기록된 변화는 다시 꺼내 볼 수 있는 증거가 된다.

이때 가장 유용한 방식이 주간 체크인이다. 주간 체크인은 성과를 추궁하는 점검표가 되어서는 안 된다. 한 주 동안 무엇이 달라졌는지, 무엇을 새롭게 시도했는지, 무엇이 조금 나아졌는지를 확인하는 시간이어야 한다. 질문도 달라져야 한다. "이번 주 목표를 달성했는가?"보다 "이번 주에 새롭게 시도한 것은 무엇인가?", "지난주보다 덜 막히는 부분은 어디였는가?", "실수 뒤에 달라진 대응은 무엇이었는가?"가 더 중요하다. 이런 질문은 결과가 아니라 변화의 축적을 보게 만든다.

중요한 것은 리더가 그 변화를 그냥 듣고 지나가지 않는다는 점이다. 상대가 툭 던진 말 속에서 성장의 단서를 발견했다면, 그것을 남겨두어야 한다. "지난주에는 협력사와의 소통이 어렵다고 했는데, 이번 주에는 질문의 방식을 바꾸면서 오해가 줄었다고 했네요"라고 다시 짚어주는 식이다. 이런 기록은 단순한 메모가 아니다. 그것은 구성원에게 자신의 노력이 사라지지 않았고, 누군가가 그 흐름을 보고 있었다는 감각을 준다.

기록이 실제 힘을 가지려면 의지에만 기대서는 안 된다. 기록은 결심보다 루틴으로 설계되어야 한다. 가장 현실적인 방식은 거창한 일지를 쓰는 것이 아니라, 짧은 문장으로 남기는 마이크로 로그이다. 회의 직후나 하루 업무를 마치기 전 3분만 써서 한 줄씩 적는 방식이면 충분하다. "오늘 이 대리가 처음으로 회의 안건을 먼저 정리함", "박 사원이 실수를 숨기지 않고 바로 공유함", "최 대리가 피드백 후 다음 행동을 먼저 제안함" 같은 기록은 짧지만 시간이 지나면 성장의 연속성을 보여주는 강한 자료가 된다.

또한 기록은 남기는 것만으로 끝나지 않는다. 다시 꺼내어 함께 확인할 때 더 큰 힘을 발휘한다. 1:1 면담에서 "한 달 전에는 이 부분에서 많이 막혀 있었는데, 지금은 스스로 다음 행동까지 정리하고 있다"라고 말할 수 있다면, 그 기록은 메모가 아니라 성장의 증거가 된다. 사람은 과거와 현재가 연결되는 장면을 보아야 자신이 실제로 변하고 있다는 사실을 실감한다. 기록은 관심의 가장 구체적인 형태이다. 누군가의 작은 전진을 적어둔다는 것은, 그 사람을 단지 성과를 내는 존재가 아니라 성장하는 존재로 보고 있다는 뜻이기 때문이다. 리더가 기록을 통해 구성원의 변화를 남겨두면, 구성원은 자신의 노력이 허공으로 사라지지 않는다고 느낀다. 바로 그때 성장의 과정은 막연한 고생이 아니라 의미 있는 축적이 된다.

성장은 눈에 잘 보이지 않는다. 그러나 기록은 그 보이지 않는 것을 눈앞에 드러나게 만든다. 한 줄의 기록, 짧은 주간 체크인, 반복되는 작은 확인이 쌓일 때 사람은 비로소 자신이 제자리를 맴도는 것이 아니라 앞으로 가고 있다는 확신을 얻는다. 그리고 그 확신이야말로 끝까지 자라게 만드는 가장 강한 힘이 된다.

제 25 장

비판하기 전
먼저 내 실수부터 꺼내라

"나도 그랬다"는 고백이
방어를 낮추고 배움의 문을 연다

◇ "나도 그랬다"가 지적을 조언으로 바꾸는 이유

많은 리더는 권위를 지키려면 흔들림 없는 모습을 보여야 한다고 생각한다. 팀원 앞에서는 늘 정답을 알고 있어야 하고, 판단은 정확해야 하며, 실수의 흔적조차 드러내지 않아야 한다고 믿는다. 그러나 이런 완벽한 이미지는 생각보다 자주 역효과를 낸다. 리더가 지나치게 흠 없는 사람처럼 보일수록, 그가 건네는 작은 지적 하나도 상대에게는 더 무겁고 날카롭게 꽂히기 때문이다. 문제를 짚는 말이 아니라, 사람을 판정하는 말처럼 들리기 쉽다.

사람은 자신보다 훨씬 완성되어 보이는 사람에게 지적을 받을 때, 그 말을 조언으로 듣기보다 비교와 평가로 받아들이기 쉽다. 특히 아직 경험이 부족하거나 실수에 예민한 사람일수록 더 그렇다. 완벽해 보이는 상사의 한마디는 "나는 이미 이 정도인데, 너는 왜 아직도 여기 있느냐"라는 무언의 압박처럼 느껴질 수 있다. 그

237

순간 상대의 관심은 무엇을 고칠 것인가보다, 이 불편함을 어떻게 버틸 것인가로 옮겨간다.

현명한 리더는 지적부터 서두르지 않는다. 오히려 자신의 경험을 먼저 꺼내 놓음으로써 대화의 온도를 바꾼다. "이 부분이 잘못되었다"라고 곧바로 말하는 대신, "나도 예전에 비슷한 상황에서 이 지점을 놓쳐 일이 더 커진 적이 있다"라고 먼저 말하면 대화의 결이 달라진다. 이 한마디는 상대를 봐주겠다는 뜻이 아니다. 실수의 현실은 분명히 짚되, 그 실수가 곧바로 무능함의 증거는 아니라는 안전감을 함께 주는 것이다. 사람은 자신만 실패한 것이 아니라는 사실을 알게 될 때, 실수를 숨기기보다 들여다볼 여유를 얻는다.

특히 텍스트 기반 소통에서는 이런 차이가 더 크게 드러난다. 메신저에서 "이 부분 수정해달라"라는 말은 효율적이지만 차갑고 단단한 지시처럼 남기 쉽다. 반면 "나도 비슷한 프로젝트에서 이 부분을 놓쳐 일정이 꼬인 적이 있었는데, 그 경험을 떠올리니 여기만 한 번 더 확인하면 좋겠다"라고 쓰면 분위기가 달라진다. 같은 수정 요청이라도 상대를 문제의 원인으로 세우는 대신, 실수를 함께 다룰 수 있는 자리로 대화를 옮기기 때문이다.

리더가 자신의 실수를 먼저 꺼내는 태도는 권위를 버리는 일이 아니다. 오히려 권위를 다른 방식으로 세우는 일이다. 완벽한 사람처럼 군림하는 것이 아니라, 시행착오를 지나 여기까지 온 사람으로 서는 것이다. 이때 리더의 말은 상대를 위축시키는 지적이 아니라, "실수는 숨길 일이 아니라 배우며 다룰 일이다"라는 신호가 된다. "나도 그랬다"는 말은 단순한 위로가 아니다. 그것은 상대의 방어를 낮추고, 조언이 들어갈 수 있는 공간을 여는 말이다. 이 장의 핵심은 사과가 아니다. 먼저 완벽한 사람인 척하지 않음으로써, 상대가 덜 닫히게 만드는 데 있다. 바로 그 지점에서 지적은 비난이 아니라 배움의 말이 된다.

◇ 자기 고백이 변명이 되지 않게 하는 세 가지요소

리더가 자신의 실수를 먼저 꺼내는 방식은 분명 힘이 있다. 하지만 잘못 쓰면 쉽게 힘을 잃는다. 공감하려고 꺼낸 이야기인데, 듣는 사람에게는 훈계처럼 들리거나 변명처럼 느껴질 수 있기 때문이다. 자기 고백이 실제로 상대를 열게 하려면 감상적인 회상이 아니라, 현재의 문제를 함께 다루기 위한 구조를 가져야 한다.

첫 번째 요소는 사실이다. 자기 고백은 막연할수록 힘을 잃고, 구체적일수록 신뢰를 얻는다. "나도 실수 많이 했다"라는 말만으로는 상대의 마음에 닿기 어렵다. 반면 "나도 처음 대형 프로젝트를 맡았을 때 수식 하나를 잘못 넣어서 최종 보고서 숫자를 전부 다시 검토한 적이 있다"처럼 장면이 보이면 다르다. 상대는 그 말이 형식적인 위로나 습관적인 훈계가 아니라, 실제 경험에서 나온 이야기라고 느낀다. 바로 이런 구체성이 있어야 상대의 방어가 느슨해진다.

두 번째 요소는 배움이다. 과거의 실수를 말하는 것만으로는 충분하지 않다. 중요한 것은 그 일을 통해 무엇을 깨달았는지를 함께 보여주는 데 있다. 사람은 실패담 자체보다, 그 실패가 어떻게 다음 기준으로 바뀌었는지를 들을 때 더 잘 받아들인다. "그 일을 겪고 나서 제출 직전에는 반드시 다른 사람의 눈으로 한 번 더 확인해야 한다는 걸 배웠다"라고 말하는 식이다. 이렇게 되면 자기 고백은 넋두리가 아니라, 지금 도움이 될 수 있는 기준으로 바뀐다.

세 번째 요소는 다음 제안이다. 자기 고백은 현재의 문제를 푸는 방향으로 이어져야 한다. 사실과 배움을 나누었더라도, 마지막에 무엇을 해볼 것인지가 빠지면 대화는 좋은 이야기에서 멈춘다. "지금 가장 필요한 것은 제출 전에 수치를 한 번 더 점검하는 짧은 체크리스트 같습니다. 오늘 안에 그 항목을 세 개만 같이 정리해보면 어떨까요?"와 같은 방식이 여기에 해당한다. 이렇게 되면 자기 고백은 과거 이야기로 흩어지지 않고, 현재를 바꾸는 제안으로 이어진다.

이 세 요소는 함께 이어질 때 힘을 발휘한다. 사실이 있어야 진정성이 생기고, 배움이 있어야 경험이 자산이 되며, 다음 제안이 있어야 그 자산이 실제 행동으로 연결된다. 반대로 이 가운데 하나라도 빠지면 자기 고백은 쉽게 어색해진다. 사실이 없으면 공허한 위로가 되고, 배움이 없으면 과거담이 되며, 다음 제안이 없으면 그저 좋은 말로 끝난다. 자기 고백의 목적은 내 이야기를 길게 하는 데 있지 않다. 그 이야기를 통해 상대의 방어를 낮추고, 실수를 숨기지 않게 하며, 다음 행동으로 자연스럽게 나아가게 만드는 데 있다. 사실을 열고, 배움을 나누고, 다음을 제안하는 것. 이 세 단계가 갖추어질 때 리더의 고백은 변명이 아니라 조언이 된다.

특히 중요한 것은, 자기 고백이 상대의 잘못을 약화시키는 장치가 아니라는 점이다. "나도 그랬으니 너도 괜찮다"로 끝나면 변화는 일어나지 않는다. 핵심은 "나도 그랬다. 무엇을 배웠는가? 지금 무엇을 다르게 해볼 수 있는가"까지 가는 데 있다. 자기 고백은 책임을 흐리는 말이 아니라, 방어를 낮춘 뒤 학습의 문을 여는 말이어야 한다.

◇ 평가하지 않고 다음 행동으로 잇는 말: "이제 이렇게 해보자"

피드백의 분위기는 내용만으로 결정되지 않는다. 같은 문제를 다루더라도, 그 말을 어떤 흐름으로 이어가느냐에 따라 대화의 결이 달라진다. 리더가 자신의 경험을 먼저 꺼냈다면, 그 다음에는 상대를 평가하는 말보다 방향을 제안하는 말로 넘어가야 한다. 그래야 자기 고백이 감상적인 위로로 끝나지 않고 실제 학습으로 이어진다. 가장 경계해야 할 것은, 고백 다음에 다시 판정으로 돌아가는 일이다. "나도 예전에 그랬다. 그런데 너는 왜 또 그랬는가?"라고 이어지는 순간, 앞의 고백은 방어를 낮추는 장치가 아니라 훈계의 서두가 된다. 반대로 "나도 그때 비슷한 실수를 했다. 그래서 지금은 제출 전에 이 두 가지만 꼭 확인한다. 이번에도 이 기준으로 한 번 다시 보자"라고 말하면 분위기는 달라진다. 문제는 사람의 결함으로 남지 않고, 다음 행동의 기준으로 옮겨간다.

이때 도움이 되는 방식은 세 가지이다.

첫째, 지적을 판정보다 점검의 말로 바꾸는 것이다.

"이건 왜 놓쳤는가?"보다 "어느 지점에서 빠졌는지 같이 짚어보자"가 낫다.

둘째, 명령보다 기준을 제안하는 것이다.

"다음부터는 이렇게 하라"보다 "다음에는 이 기준 하나를 먼저 넣어보자"가 덜 위협적이다.

셋째, 실수를 과정의 보완점으로 보는 것이다.

"왜 이렇게 못 했는가?"보다 "다음에는 무엇을 추가하면 같은 실수를 줄일 수 있을까?"가 훨씬 생산적이다.

이 세 가지 방식의 공통점은 하나이다. 사람을 눌러 바꾸려 하지 않고, 행동을 조정할 수 있는 방향으로 초점을 옮긴다는 점이다. 판정 대신 점검으로, 명령 대신 기준으로, 비난 대신 보완으로 넘어가는 순간 대화는 훨씬 덜 위협적이고 더 실제적이 된다. 리더는 더 이상 심판자가 아니라, 시행착오를 함께 정리해주는 사람으로 보이게 된다.

"우리 같이 이렇게 해볼까요?"라는 말도 이런 맥락에서 힘을 가진다. 이 표현의 핵심은 '우리'라는 단어 자체에 있지 않다. 앞에서 건넨 자기 고백의 흐름을 끊지 않고, 상대를 다시 평가의 자리로 밀어 넣지 않는 데 있다. 이미 "나도 그랬다"라고 말한 사람이 마지막에 "같이 점검해보자"라고 하는 순간, 피드백은 훨씬 부드럽게 들린다. 여기서 중요한 것은 협력의 분위기를 길게 설명하는 일이 아니라, 상대가 혼자 판정받는 느낌 대신 다음 행동으로 넘어갈 수 있게 만드는 것이다.

리더십은 사람을 몰아붙여 바꾸는 일이 아니다. 사람이 스스로 더 나은 방향으로 움직일 수 있게 만드는 환경을 만드는 일에 가깝다. 리더의 자기 고백이 방어를 낮추었다면, 그 다음에는 짧고 분명한 기준과 제안이 필요하다. 평가를 길게 늘어놓지 않고, 다음 행동을 함께 정리해주는 말. 바로 그 말이 관계를 해치지 않으면서도 사람을 움직이게 만드는 조용하고 강한 리더십의 언어다.

제 26 장

퇴로를 열어줄 때 사람은
반발 대신 용기를 낸다

체면을 지켜줄 때 용기가 생기고, 퇴로가 반발을 줄인다

◇ 사람은 내용보다 모욕감 때문에 저항한다

현실 조직에서 갈등이 커지는 장면을 자세히 들여다보면, 문제의 핵심이 늘 내용 자체에만 있지는 않다. 리더는 업무의 오류를 바로잡기 위해 말을 꺼냈다고 생각하지만, 상대는 그 말 속에서 자신의 무능과 부족함이 공개적으로 드러났다고 느낄 때가 많다. 특히 여러 사람이 지켜보는 자리에서 실수가 지적되면, 당사자에게 먼저 남는 것은 모욕감이다. 무엇을 고쳐야 하는지보다, 왜 이런 식으로 드러나야 했는지에 대한 감정이 훨씬 오래 남는다.

사람은 단순히 틀렸다고 지적받아서 저항하는 것이 아니다. 많은 경우 자신이 무안해졌다고 느끼기 때문에 더 강하게 버틴다. 내용이 타당한가 아닌가보다, 내가 이 자리에서 얼마나 초라해졌는가가 먼저 중요해지는 것이다. 어떤 비판은 아무리 논리적으로 맞아도 상대를 움직이지 못한다. 오히려 반발과 변명, 침묵과 거리

두기만 남길 때가 많다. 리더는 문제를 해결하려 했지만, 상대는 자신을 지켜야 하는 상황으로 받아들이게 되는 것이다.

데일 카네기는 『인간관계론』에서 이 지점을 아주 분명하게 짚는다. *"Let the other person save face."* **상대가 체면을 지킬 수 있게 하라는 뜻이다.** 이 말은 단순한 예의의 문제라기보다 사람은 자존심과 감정의 영향을 크게 받는 존재라는 사실을 전제한 현실적인 조언이다. 누군가의 잘못을 정확하게 짚는 것 자체가 문제는 아니다. 문제는 그것이 상대의 체면을 손상시키는 방식으로 전달될 때다. 그 순간 피드백은 조언이 아니라 공격으로 바뀌고, 대화는 개선의 자리가 아니라 자존심을 지키기 위한 싸움으로 변한다.

공개적인 망신은 실제로 큰 상처를 남긴다. 여러 사람이 있는 자리나, 기록이 남는 디지털 공간에서 이루어지는 지적은 당사자에게 단순한 수정 요청 이상으로 작용한다. 과거에는 흘러가며 사라지던 말도 이제는 단체 채팅방, 메신저, 이메일 기록 속에 오래 남는다. 텍스트로 박제된 지적은 휘발되지 않기 때문에 더 길고 선명한 부끄러움으로 남기 쉽다. 지혜로운 리더는 비판의 내용만이 아니라, 그것이 전달되는 공간과 방식까지 함께 설계해야 한다.

특히 사람은 스스로 잘못을 인정하고 싶어도, 그 인정이 곧 체면의 붕괴로 이어진다고 느끼면 쉽게 물러서지 못한다. 잘못을 모르는 것이 아니라, 그 잘못을 인정하는 순간 너무 초라해질 것 같아서 끝까지 버티는 경우가 많다. 이때 리더가 상대를 더 몰아붙이면 문제는 더 커진다. 잘못은 이미 드러났는데도 대화가 길어지는 이유는, 실제 쟁점보다 체면의 상처가 더 커졌기 때문이다. 관계를 살리는 리더는 상대를 벼랑 끝으로 몰지 않는다. 그는 상대가 품위를 유지한 채 방향을 바꿀 수 있는 여지를 먼저 만든다. "이번에는 상황이 많이 급해서 혼선이 있었던 것 같습니다", "이 지점은 누구라도 헷갈릴 수 있었을 것 같습니다"와 같은 말은 잘못을 없던 일로 만드는 말이 아니다. 오히려 상대가 방어만 하다가 더 큰 저항으로 가는 것을 막고, 스스로 문제를 받아들일 수 있는 최소한의 공간을 열어주는 말이다. 체면을 지켜주는 것은 봐주는 일이 아니라, 변화가 가능하도록 만드는 조건이다.

사람을 움직이는 데 필요한 것은 상대를 완전히 무너뜨리는 힘이 아니다. 오히려 상대가 스스로의 자존심을 지키면서도 한 걸음 물러날 수 있게 만드는 섬세한 배려가 더 중요하다. 리더가 이 원리를 이해하지 못하면, 옳은 말을 하고도 관계를 잃게 된다. 반대로 상대의 체면을 지켜줄 줄 아는 리더는 같은 지적을 하더라도 훨씬 적은 저항으로 더 큰 변화를 이끌어낸다. 진정한 리더십은 상대를 굴복시키는 데 있지 않다. 상대가 스스로 품위를 잃지 않은 채 더 나은 방향으로 걸어오게 만드는 데 있다.

◇ 일대일 대화와 타이밍과 채널로 체면을 살리는 법

체면을 지켜주는 기술은 말의 수위를 조절하는 데서만 완성되지 않는다. 오히려 그보다 먼저 중요한 것은, 그 말을 어디서, 언제, 어떤 방식으로 건네느냐이다. 아무리 부드럽고 정중한 표현을 사용하더라도 다른 사람들이 지켜보는 자리에서 이루어지는 지적은 상대에게 쉽게 수치심을 남긴다. 특히 공개된 채널에서의 피드백은 내용보다 상황 자체가 먼저 상대를 위축시킨다. 문제를 바로잡으려는 의도였더라도, 상대는 그 순간 자신이 사람들 앞에 드러났다고 느끼기 쉽다. 체면을 살리는 리더는 피드백의 내용만 다듬지 않는다. 그 내용이 놓일 상황부터 먼저 설계한다.

가장 먼저 고려해야 할 것은 공개 채널과 개인 채널의 구분이다. 공용 채널에서 발생한 실수라 하더라도, 그에 대한 구체적인 교정과 피드백은 가능한 비공개 공간으로 옮겨오는 편이 좋다. 회의 중이라면 사실만 짧게 정리하고, 더 깊은 이야기는 회의 후 1:1로 돌리는 것이 낫다. 단체 채팅방이라면 필요한 수정 사항만 간단히 남기고, 이유와 맥락은 개인 메시지로 전환하는 편이 안전하다. "이 부분은 따로 말씀드리는 편이 더 좋을 것 같아 개인적으로 연락드렸습니다"라는 한마디만으로도 분위기는 달라진다. 상대는 자신의 실수가 더 이상 공개되지 않을 것이라는 안도감을 느끼고, 그제야 비로소 방어보다 이해 쪽으로 움직일 여유를 갖게 된다.

다음으로 중요한 것은 즉시 말할지, 시간차를 둘지의 판단이다. 피드백은 빠를수록 좋다고들 말하지만, 감정이 뜨거운 상태에서의 즉각적인 피드백은 오히려 상황을 더 악화시킬 때가 많다. 리더도 실수를 목격한 직후에는 감정이 앞설 수 있고, 상대 역시 이미 놀라거나 위축된 상태일 수 있다. 이런 순간에 바로 말을 꺼내면 대화는 교정보다 질책에 가까워진다. 때로는 잠시 한 템포를 늦추는 것이 더 좋은 선택이 된다. "아까 그 건은 오늘 바로 수정하기보다, 내일 오전에 차분하게 같이 정리해 보면 좋겠습니다"와 같은 제안은 대화를 미루는 것이 아니라, 더 나은 상태에서 말할 수 있도록 시간을 설계하는 일에 가깝다. 즉시가 늘 정답은 아니다. 지금 말하는 것이 수정에 도움이 되는지, 아니면 모욕감만 키울지를 먼저 봐야 한다.

세 번째는 회의 중에 말할지, 회의 후에 말할지의 구분이다. 회의 중 실수가 보이면 리더는 본능적으로 그 자리에서 바로잡고 싶어진다. 그러나 회의 중의 교정은 내용보다 장면이 크게 남기 쉽다. 다른 사람들 앞에서 말을 끊고 문제를 짚는 순간, 상대는 자신의 실수보다 공개된 수치를 먼저 느낀다. 회의 중에는 전체 흐름을 지키는 데 필요한 최소한의 조정만 하고, 구체적인 피드백은 회의 후로 넘기는 편이 좋다. "이 부분은 일단 이렇게 정리하고, 끝난 뒤에 두 사람이 조금 더 맞춰보겠습니다"라고 말할 수 있다. 그러면 리더는 회의의 목적도 지키고, 상대의 체면도 불필요하게 다치게 하지 않을 수 있다.

네 번째는 채널의 선택이다. 같은 내용이라도 어떤 채널로 전달되느냐에 따라 상대가 받는 온도는 크게 달라진다. 텍스트는 빠르고 효율적이지만, 감정의 결을 전달하기에는 너무 건조하다. 짧은 메시지 하나가 상대의 상태에 따라 차갑고 날선 지적처럼 읽힐 수 있기 때문이다. 채널은 내용의 무게에 따라 달리 선택해야 한다. 단순한 사실 확인이나 수치 수정, 이미 합의된 기준을 다시 알려주는 정도라면 메신저나 이메일로도 충분하다. 그러나 상대의 반응을 살피며 톤을 조절해야 하거나, 오해가 생길 여지가 있는 주제라면 전화나 화상처럼 목소리가 전달되는 방식이 더 적절하다. 그리고 성과 평가나 태도 교정처럼 자존심이 크게 걸릴 수 있는 이야기라면, 가능하면 직접 마주 앉는 대면이 가장 안전하다.

마지막으로 놓치기 쉬운 요소는 물리적 공간의 선택이다. 어디에서 이야기하느냐도 대화의 의미를 크게 바꾼다. 리더의 책상 앞에 상대를 세워두고 말하는 방식은 쉽게 위계와 긴장을 강화한다. 반면 나란히 앉을 수 있는 회의실의 옆자리, 혹은 조금 더 중립적인 공간을 고르면 분위기는 훨씬 달라진다. 같은 말을 하더라도 공간이 수평적으로 설계되면, 대화는 심판처럼 느껴지기보다 함께 조정하는 회의처럼 받아들여진다. 중요한 피드백일수록 리더가 공간을 고르는 세심함이 필요하다. 이 모든 선택은 하나의 목적을 향한다. 상대가 문제를 인정하더라도 체면을 잃지 않게 만드는 것이다. 사람은 부끄러움을 느끼는 순간보다, 그 부끄러움이 공개되었다고 느끼는 순간 훨씬 더 강하게 저항한다. 체면을 살리는 리더는 말의 정답만 찾지 않는다. 어디서, 언제, 어떤 채널과 어떤 공간에서 말해야 상대가 가장 덜 다치고 가장 잘 받아들일 수 있을지를 먼저 생각한다.

관계를 살리는 리더십은 내용의 옳음만으로 완성되지 않는다. 그것은 상대가 품위를 잃지 않은 채 방향을 바꿀 수 있도록, 대화의 조건을 미리 마련해주는 데까지 포함된다. 체면을 지켜주는 것은 문제를 덮는 일이 아니다. 오히려 문제를 끝까지 다룰 수 있게 만드는 가장 현실적이고 전략적인 배려다.

◇ 잘못을 바로잡되 관계를 깨지 않는 문장

사람의 잘못을 바로잡아야 하는 순간에도 관계를 잃지 않는 리더가 있다. 반대로 문제를 정확히 짚고도 사람을 잃는 리더도 있다. 이 차이는 지적의 내용보다, 그 지적이 어떤 문장으로 전달되었는가에서 갈린다. 사람은 자신의 방식에 오류가 있다는 말을 들을 때, 단순한 수정 요청으로 받아들이지 않을 때가 많다. 특히 성과와 효율이 강하게 요구되는 조직에서는 지적이 곧 능력의 부족에 대한 판정처럼 느껴지기 쉽다. 그 순간 상대의 관심은 문제 해결보다 자존심 방어로 옮겨가고, 대화는 금세 날카로워진다.

관계를 살리는 리더는 잘못을 지적할 때조차 상대를 홀로 문제의 중심에 세우지 않는다. 그는 먼저 책임의 구조를 함께 보지만, 실수를 덮자는 뜻은 아니다. 다만 잘못을 개인의 결함으로만 돌리지 않고, 상황과 구조, 그리고 리더 자신의 책임까지 함께 살피는 것이다. "왜 또 이 부분을 놓쳤습니까?"라고 말하는 대신, "이번 프로젝트는 매우 촉박했고, 그 과정에서 우리가 이 변수를 충분히 점검하지 못했던 것 같습니다. 저도 사전에 더 분명히 짚어드렸어야 했습니다"라고 말할 수 있다. 이 문장은 상대를 면책해주는 말이 아니다. 오히려 문제를 더 정확하게 바라보게 만드는 말이다.

책임을 공유한다는 것은 잘못의 기준을 흐리는 일이 아니다. 중요한 것은 그 공유가 상대에게 우아한 퇴로를 만들어준다는 점이다. 사람은 자신의 잘못을 인정하고 싶어도, 그 인정이 곧 체면의 붕괴로 이어진다고 느끼면 쉽게 물러서지 못한다. 이때 리더가 "우리도 이 구조를 다시 점검할 필요가 있겠습니다"라고 말하면, 상대는 스스로를 지키기 위해 끝까지 버티는 대신 함께 문제를 바라볼 수 있게 된다. 체면이 지켜지는 순간에야 비로소 책임도 제대로 다뤄질 수 있다. 그러나 체면을 지켜주는 말만으로는 변화가 완성되지 않는다. 책임을 함께 나누는 태도가 자칫 모호한 위로나 흐릿한 관용으로 끝나면, 상대는 무엇을 바꾸어야 하는지 모른 채 대화를 마치게 된다. 관계를 살리는 문장은 반드시 해결의 구체성으로 이어져야 한다. "앞으로 좀 더 신경 써주세요", "다음에는 조심합시다" 같은 말은 부드러워 보이지만 실제로는 아무것도 남기지 않는다. 문제를 분명히 다루고 싶다면, 마지막에는 반드시 다음 행동이 또렷하게 보여야 한다.

"다음에 비슷한 상황이 오면, 최종 제출 전에 이 세 가지 항목을 한 번 더 같이 확인해보면 어떻겠습니까?"라고 제안할 수 있다. 혹은 "이런 실수가 반복되지 않도록, 이번 주 안에 체크리스트를 같이 하나 만들어두면 좋겠습니다"라고 말할 수도 있다. 이런 문장은 상대를 비난의 대상으로 남겨두지 않고, 함께 해결을 만드는 사람으로 옮겨 놓는다. 바로 이때 피드백은 공격이 아니라 조정이 되고, 지적은 처벌이 아니라 시스템의 보완으로 받아들여지기 시작한다. 관계를 깨지 않는 리더의 문장은 두 가지를 함께 가지고 있다. 하나는 책임을 혼자 떠넘기지 않는 태도이고, 다른 하나는 모호하게 끝내지 않는 구체성이다. 책임을 함께 나누면 상대의 방어가 낮아지고, 해결을 구체적으로 제시하면 대화는 실제 변화로 이어진다. 이 둘 중 하나만 있어서는 부족하다. 책임만 공유하면 느슨해지고, 해결만 강조하면 차갑고 위협적으로 들릴 수 있다. 둘은 반드시 함께 가야 한다.

잘못을 바로잡는다는 것은 상대를 낮추는 일이 아니라, 함께 더 나은 방향으로 경로를 수정하는 일에 가깝다. 사람을 평가하지 않고도 문제를 다룰 수 있고, 체면을 지켜주면서도 책임을 분명히 할 수 있다. 그 비결은 단순하다. 문장의 주어를 바꾸고, 해결을 흐리지 않는 것이다. "누가 잘못했는가"에서만 멈추지 않고, "우리가 다음에는 무엇을 다르게 할 것인가"로 옮겨갈 때 관계는 깨지지 않고 오히려 더 단단해진다. 바로 그 지점에서 리더의 말은 비난이 아니라 신뢰를 남기는 조정의 언어가 된다.

제 27 장

좋은 평판을 먼저 주어
그 모습대로 자라게 하라

Dale Carnegie

과장 없는 좋은 평판은 정체성이 되어 사람을 키운다

◇ 미래를 향한 선불 라벨이 행동을 만든다

사람은 자신이 어떤 사람이라고 믿는가에 따라 행동의 방향이 달라진다. 리더가 누군가를 어떻게 바라보고, 어떤 말로 규정하느냐는 생각보다 큰 힘을 가진다. "너는 늘 이 부분이 약하다", "왜 이렇게 매번 불안하냐" 같은 말은 단순한 평가처럼 보이지만, 반복될수록 상대의 자기 인식 안으로 스며든다. 반대로 "당신은 원래 침착한 사람입니다", "이 문제를 끝까지 해결해낼 힘이 있는 사람입니다"와 같은 말도 단순한 격려에 그치지 않으며 상대가 앞으로 어떤 사람처럼 행동해야 하는지를 미리 제시하는 기준이 된다.

리더가 건네는 평판은 과거를 요약하는 말이면서 동시에 미래를 부르는 말이기도 하다. 사람은 자신이 어떤 정체성을 갖고 있다고 느끼면, 무의식적으로 그 이미지에 맞는 행동을 하려는 경향이 있다. "당신은 원래 꼼꼼한 사람입니다"라는 말은 단지 듣기 좋은 칭찬이 아니라, 그 꼼꼼함에 맞게 다시 행동하게 만드는 기준이 된다. 상대는 그 말을 들은 뒤, 실제로 더 한 번 점검하고 더 조심스럽게 마무리하려는 쪽으로 움직일 가능성이 커진다. 좋은 평판은 외부의 명령보다 더 조용하고 깊게 행동을 바꾸는 힘을 가진다.

카네기가 말한 것도 이와 비슷하다. *"If you want to improve a person in a certain respect, act as though that particular trait was already one of his outstanding characteristics."* 누군가를 바꾸고 싶다면, 그가 이미 그런 장점을 가진 사람인 것처럼 대하라는 뜻이다. 이것은 과장된 아첨을 하라는 말이 아니다. 실제로 존재하는 강점의 씨앗을 먼저 발견하고, 그것을 상대의 정체성으로 선명하게 말해주라는 뜻에 가깝다. 위기 순간마다 먼저 아이디어를 내는 팀원에게 "당신은 문제를 먼저 발견하고 대안을 찾는 감각이 좋은 사람입니다"라고 말해주는 식이다. 이런 평판은 상대를 부풀리는 말이 아니라, 이미 보이기 시작한 강점을 더 분명하게 자각하게 만드는 말이다.

중요한 것은 이 평판이 근거 없는 부담이 되어서는 안 된다는 점이다. 실제 모습과 너무 동떨어진 칭찬은 오히려 상대를 불편하게 만들 수 있다. 사람은 자신이 전혀 그렇게 느끼지 못하는 평판을 들으면 힘을 얻기보다 압박을 느끼기 쉽다. 좋은 평판은 언제나 실제 행동에서 출발해야 한다. 작은 장점이라도 구체적인 장면에 근거해 말해줄 때, 그 평판은 설득력을 얻는다.

"지난번 협업 때 혼선이 있었는데도 끝까지 정리해낸 걸 보고, 당신은 복잡한 상황에서 중심을 잡는 힘이 있다고 느꼈습니다"라고 말할 수 있다. 이렇게 구체성이 붙으면, 평판은 현실적인 자기 이미지로 자리 잡기 시작한다. 리더는 실수나 부족함을 중심으로 사람을 해석하기에 "원래 저 사람은 꼼꼼하지 못하다", "늘 자신감이 부족하다"는 식의 부정적 라벨은 당장은 정확해 보일 수 있어도, 상대를 그 자리에서 벗어나지 못하게 만드는 역할을 한다. 반대로 좋은 평판을 먼저 건네는 리더는 현재의 부족함만 보는 대신, 그 사람 안에 이미 있는 가능성의 방향을 더 크게 본다. 그리고 그 방향에 맞는 이름을 먼저 붙여준다. 바로 그때 평판은 단순한 칭찬이 아니라, 사람이 자라날 수 있는 미래의 틀이 된다.

리더십은 사람의 현재 모습만 판정하는 일이 아니다. 그 사람이 앞으로 어떤 모습으로 자라나도록 도와줄 것인가를 설계하는 일에 가깝다. 누군가에게 좋은 평판을 준다는 것은 그가 이미 가진 힘을 먼저 믿고 더 분명한 형태로 돌려주는 일이다. 사람은 자신이 입고 있는 정체성의 옷에 맞춰 자세를 바꾸고 걸음걸이를 바꾼다. 리더가 먼저 건네는 과장 없는 좋은 평판은 단순한 말이 아니라, 사람을 실제로 성장하게 만드는 조용한 기대의 구조가 된다.

◇ "너는 꼼꼼한 편이잖아"처럼 정체성을 세워주는 말

단순한 칭찬은 순간의 기분을 좋게 만들 수는 있다. "잘했어",

"수고했어", "이번엔 좋았어" 같은 말은 듣는 사람에게 짧은 만족 감을 준다. 그러나 이런 말은 한 번의 행동을 평가하는 데 머물고, 시간이 지나면 쉽게 흩어진다. 행동에 대한 일시적인 인정이 될 수는 있어도, 그 사람의 태도와 습관을 오래 붙들어두는 힘은 약하다. 사람을 성장시키는 리더십은 칭찬에서 멈추지 않고, 그 사람 안에 어떤 정체성을 심어줄 것인지까지 고민해야 한다.

이때 중요한 차이는 행동을 말하느냐, 사람을 말하느냐에 있다. "이번 보고서는 아주 꼼꼼했네요"라는 말은 한 번의 결과를 칭찬하는 데 그친다. 반면 "당신은 원래 중요한 부분을 꼼꼼하게 다시 보는 사람입니다"라고 말하면 분위기는 달라진다. 꼼꼼함이 단지 한 번 드러난 행동이 아니라, 그 사람 안에 이미 있는 특성으로 자리 잡기 시작하기 때문이다. 사람은 자신이 어떤 사람이라고 규정되었는가에 따라 행동의 방향을 맞추려는 경향이 있다. 정체성의 언어는 단순한 칭찬보다 훨씬 더 깊게 작용한다. 정체성 부여가 힘을 가지려면, 상대가 실제로 보여준 행동에서 출발해야 한다.

근거 없는 과장은 쉽게 공허한 아부처럼 들리고, 오히려 상대를 불편하게 만들 수 있다. 좋은 평판을 건넬 때는 가능한 한 구체적인 장면과 연결하는 편이 좋다. "지난 3개월 동안 마감 직전에 가장 먼저 누락된 부분을 찾아낸 사람이 바로 당신이었습니다. 저는 당신을 팀 안에서 디테일을 놓치지 않는 사람이라고 생각합니다"라고 말할 수 있다. 이렇게 되면 정체성은 막연한 칭찬이 아니라,

실제 행동에서 비롯된 신뢰할 수 있는 자기 이미지가 된다.

정체성 부여의 힘은 특히 반복되는 업무나 긴 프로젝트 안에서 더 크게 드러난다. 사람은 눈에 띄는 성과가 당장 보이지 않을 때 쉽게 흔들리지만, 자신이 어떤 사람으로 기대받고 있는지를 분명히 알 때는 그 기대를 스스로 지키려는 힘이 생긴다. "당신은 우리 팀에서 마감 신뢰도가 높은 사람입니다", "당신은 복잡한 상황을 정리하는 힘이 있는 사람입니다", "당신은 질문을 통해 문제를 분명히 보게 만드는 사람입니다"와 같은 말은 단순한 기분 좋은 표현이 아니라, 앞으로의 행동을 이끌 기준이 된다. 사람은 자신에게 부여된 좋은 이름을 지키고 싶어 하기 때문이다.

이 방식은 상대가 실수를 했을 때 더욱 힘을 발휘한다. 평소 "당신은 책임감 있게 끝까지 정리하는 사람입니다"라는 정체성을 부여받은 사람은 실수가 생겼을 때 그것을 숨기기보다 먼저 바로잡고 싶어질 가능성이 크다. 자신의 실수 자체보다, 자신이 가진 책임감 있는 사람이라는 이미지를 지키는 쪽이 더 중요해지기 때문이다. 바로 이 지점에서 정체성의 언어는 단순한 칭찬을 넘어 행동의 방향을 결정하는 내면의 기준이 된다. 리더가 주어야 할 것은 순간의 사탕 같은 칭찬만이 아니다. 더 중요한 것은 상대가 오래 입고 일할 수 있는 정체성의 옷이다. "이번엔 잘했다"보다 "당신은 원래 이런 강점을 가진 사람이다"라는 말이 더 깊게 남는 이유가 여기에 있다. 사람은 자신이 입고 있는 정체성의 옷에 맞춰 자세를 고치고, 습관을 바꾸고, 선택의 수위를 조절한다. 리더가 건네는 좋은 평판은 단순한 듣기 좋은 말이 아니라, 그 사람의 다음 행동을 조용히 끌어당기는 힘이 된다.

사람을 키우는 리더십은 잘한 행동을 알아보는 데서 한 걸음 더 나아가야 한다. 그 행동이 어떤 사람의 특성으로 이어질 수 있는지를 먼저 말해주고, 그 사람이 그 이름에 맞게 자라나도록 도와야 한다. 과장 없는 근거 위에 세워진 좋은 평판, 그리고 그 평판을 정체성의 언어로 돌려주는 말. 바로 그 말이 평범한 칭찬을 넘어, 사람을 실제로 성장하게 만드는 더 깊은 리더십의 언어가 된다.

◇ 과장 없이 평판을 설계하는 법

좋은 평판은 사람을 키우는 강한 힘이 되지만 그 힘은 언제나 정확한 근거 위에 놓여 있을 때만 오래간다. 아무런 토대도 없이 큰 이름부터 붙이면, 그 평판은 상대를 세워주는 말이 아니라 공허한 칭찬이나 부담스러운 압박으로 들릴 수 있다. 실제로 아직 준비되지 않은 사람에게 지나치게 큰 평판을 던지면, 상대는 그 말을 믿기보다 불편해한다. 때로는 비아냥처럼 느끼고, 때로는 나를 조종하려는 말로 받아들일 수도 있다. 평판은 높이부터 세우는 것이 아니라, 작은 사실에서부터 차근차근 쌓아 올려야 한다.

그 출발점은 작은 사실이다. 리더가 먼저 해야 할 일은 거창한 성과를 찾는 것이 아니라, 반박할 수 없는 작은 장면을 포착하는 것이다. 회의록 정리가 이전보다 빨라졌다는 사실, 보고서에 오타가 거의 없었다는 사실, 피드백을 받은 뒤 바로 수정 방향을 정리해 왔다는 사실 같은 것들이다. 이런 작은 사실은 사소해 보일 수 있지만, 평판을 세우는 데는 오히려 이런 종류의 구체성이 더 중요하다. 근거 없는 큰 칭찬보다, 누구나 확인할 수 있는 작은 변화 하나가 훨씬 더 단단한 출발점이 되기 때문이다.

다음 단계는 가치의 이름을 붙이는 것이다. 사실만 나열해서는 아직 평판이 되지 않는다. 포착한 사실이 상대에게 어떤 강점으로 연결되는지 말해주어야 한다. "이번 회의록 정리가 빨랐다"는 사실에 "당신은 핵심을 빠르게 정리하는 감각이 있는 사람입니다"라는 이름을 붙일 수 있다. "보고서에 오타가 거의 없었다"는 관찰에는 "당신은 기본을 놓치지 않는 정교한 사람입니다"라고 말할 수 있다. 바로 이때 작은 행동은 일시적인 결과를 넘어, 그 사람의 강점으로 해석되기 시작한다.

마지막 단계는 다음 행동으로 연결하는 것이다. 좋은 평판은 현재를 설명하는 데서 멈추지 않고, 미래의 행동까지 이끌어야 힘을 가진다. "그런 정교함이 있으니 이번 프로젝트의 최종 검수 단계에서도 큰 역할을 하실 것 같습니다"처럼 평판이 자연스럽게 다음 장면으로 이어지도록 말해주어야 한다. 이 순간 상대는 단순히 좋은 말을 들은 사람이 아니라, 그 평판에 어울리는 행동을 해내야 하는 사람으로 스스로를 보기 시작한다. 작은 사실에서 출발한 평판이 다음 행동의 기준으로 이동하는 것이다.

이 세 단계는 함께 작동할 때 가장 강력하다. 작은 사실이 없으면 평판은 공허해지고, 가치의 이름이 없으면 사실은 금세 흩어진다. 또 다음 행동으로 연결되지 않으면, 좋은 평판은 그저 듣기 좋은 말로 끝날 수 있다. 리더는 "잘했어요"라고 끝내지 않고, "당신은 이런 강점을 가진 사람이고, 다음에도 이렇게 행동할 가능성이 높은 사람입니다"라는 흐름까지 만들어주어야 한다.

이 방식은 상대가 미처 선명하게 보지 못했던 자신의 강점을 먼저 발견해주고, 그것이 더 자라날 수 있도록 방향을 만들어주는 방식에 가깝다. 과장된 수식어는 잠깐 귀를 즐겁게 할 수는 있어도 오래 남지 않는다. 반면 작은 사실에서 출발한 평판은 상대의 마음속에 훨씬 더 깊고 단단하게 남는다. 사람은 실제로 있었던 장면 위에 세워진 좋은 이름을 들을 때, 그 이름에 맞게 살고 싶어진다. 평판 설계의 핵심은 크게 칭찬하는 데 있지 않다. 작게 보였던 사실을 놓치지 않고, 그 사실에 적절한 가치를 붙이고, 그 가치가 다음 행동으로 이어지도록 만드는 데 있다. 작은 사실이 가치가 되고, 가치가 정체성이 되고, 정체성이 다시 행동을 이끄는 것. 이 단계형 라벨링이야말로 사람을 과장 없이 세워주면서도 실제로 성장하게 만드는 가장 정교한 리더십의 언어다.

— 제 28 장 —

목표를 작게 나눌수록
다시 시작할 힘을 얻는다

Dale Carnegie

멈춤은 게으름이 아니라, 막막함의 신호다. 부담을 작게 쪼개라

◇ 사람은 게을러서가 아니라 "크게 느껴져서" 멈춘다

리더는 종종 일이 늦어지거나 시작조차 되지 않는 모습을 보며 상대의 태도부터 의심한다. 왜 아직 손을 대지 않았는지, 정말 할 의지가 있는지, 혹시 게으른 것은 아닌지 생각하게 된다. 하지만 실제로 많은 사람은 게을러서 멈추는 것이 아니라, 눈앞의 일이 너무 크게 느껴져서 멈춘다. 해야 할 과제가 막막하게 보이고, 어디서부터 손을 대야 할지 감이 잡히지 않으면 사람의 뇌는 쉽게 회피 쪽으로 기울어진다. 의지가 약해서라기보다, 지금 이 과업을 감당할 수 있다는 감각이 사라졌기 때문이다.

사람은 자신이 통제할 수 있다고 느끼는 일에는 비교적 쉽게 움직인다. 반대로 일이 지나치게 크고 복잡하게 느껴지는 순간에는, 그 안에 첫걸음을 내딛을 힘조차 잃기 쉽다. 이때 겉으로는 아무것도 하지 않는 것처럼 보여도, 실제로는 막막함 앞에서 멈춰 서 있는 경우가 많다. "왜 아직 시작도 안 했는가"라는 말은 상황을 바꾸기보다 상대를 더 움츠러들게 만들 수 있다. 이미 부담이 큰 사람에게 의지와 속도만 더 요구하면, 과업은 더 크게 느껴지고 저항은 더 커지기 때문이다.

큰 프로젝트나 낯선 과업, 처음 배우는 기술일수록 이 현상은 더 뚜렷하다. 사람은 전체를 한꺼번에 보았을 때 압도되지만, 작은 단계로 나누어 보면 다시 움직일 수 있다. 유능한 리더는 막연한 격려만 건네지 않는다. "잘해봅시다", "이 정도는 할 수 있습니다" 같은 말은 순간적으로는 힘이 되는 것처럼 보여도, 실제로는 어디서부터 시작해야 하는지를 알려주지 못할 때가 많다. 진짜 도움이 되는 리더십은 용기를 강요하는 데 있지 않고, 일이 덜 무섭게 보이도록 크기를 다시 설계해주는 데 있다.

큰 보고서를 마무리하지 못하고 있는 사람에게 "오늘 안에 끝내라"라고 말하면 부담은 더 커진다. 반면 "우선 오늘은 목차만 정리하고, 그 다음 핵심 수치 세 개만 먼저 확인해보자"라고 말하면 상황은 달라진다. 전체를 완성해야 한다는 압박 대신, 지금 당장 손댈 수 있는 첫 단계가 생기기 때문이다. 사람은 완벽한 전체를 한번에 감당하라는 말 앞에서는 얼어붙지만, 작고 구체적인 한 걸음 앞에서는 다시 움직일 수 있다. 이 점에서 리더의 역할은 목표를 더 크게 외치는 사람이 아니라, 그 목표까지 가는 계단의 높이를 낮춰주는 사람에 가깝다. 같은 과업이라도 어떻게 쪼개어 보여주느냐에 따라 상대의 심리적 무게는 완전히 달라진다. 막막함은 과업의 크기에서만 오는 것이 아니다. 그 과업을 시작할 수 있는 단위로 바꾸어 보지 못할 때 더 커진다.

데일 카네기는 **상대가 해야 할 일이나 고쳐야 할 점이 어렵지 않게 느껴지도록 만들라고 말했다.** *"Make the fault seem easy to correct."* 이것은 단순히 기분 좋게 말하라는 조언이 아니다. 사람은 일이 가능해 보일 때 비로소 자기 능력을 쓰기 시작한다는 사실을 이해하라는 말에 가깝다.

리더십은 더 열심히 하라고 압박하는 데 있지 않다. 오히려 너무 크게 느껴져 멈춰 있는 일을, 지금 시작할 수 있는 크기로 바꾸어 주는 데 있다. 사람을 움직이게 만드는 것은 거창한 구호가 아니라, "이 정도라면 지금 해볼 수 있겠다"는 감각이다. 바로 그 감각이 살아날 때, 멈춰 있던 사람은 다시 움직이기 시작한다.

◇ 새로운 과업의 난이도를 낮추는 세 가지 분할법

새로운 일 앞에서 사람이 멈추는 이유는 능력이 없어서가 아니다. 어디서부터 시작해야 할지 보이지 않고, 어느 정도까지 하면 되는지도 불분명하기 때문이다. 익숙하지 않은 과업일수록 사람의 뇌는 그것을 도전보다는 위협에 가깝게 받아들인다. 이때 리더가 "일단 해보자", "배우면서 하면 된다"라고 말하면 격려처럼 들릴 수는 있어도 실제 부담은 거의 줄어들지 않는다. 상대에게 필요한 것은 용기를 더 내라는 주문이 아니라, 이 일을 어디까지 쪼개면 지금 움직일 수 있는지가 보이는 구조이다. 새로운 과업을 맡길 때 리더는 목표를 제시하는 데서 멈추지 말고, 그 과정을 작게 나누어 보여줄 수 있어야 한다. 그때 유용한 방식이 첫걸음, 최소 기준, 다음 한 걸음으로 이어지는 3분할 구조이다. 이 세 단계는 사람의 막막함을 줄이고, 시작의 문턱을 낮추며, 한 번 움직인 뒤에도 멈추지 않도록 만드는 실질적인 장치가 된다.

첫 번째는 첫걸음이다. 실행의 가장 큰 장벽은 늘 시작이다. 일이 너무 크게 보이면 사람은 아예 손을 대지 않으려 한다. 리더는 상대가 거의 고민하지 않고도 바로 할 수 있는 가장 작은 행동을 먼저 제시해야 한다. 새로운 AI 도구를 배워야 한다면 "이번 주 안에 다 익혀보라"라고 말하기보다 "오늘은 우선 사이트에 접속해서 계정만 만들어보면 된다"라고 말하는 편이 낫다. 보고서를 새롭게 써야 한다면 "전체 구조를 다 잡아오라"보다 "먼저 제목과 목차만 적어보자"가 더 효과적이다. 첫걸음은 완성의 일부가 아니라 시작의 심리 장벽을 낮추는 장치이다.

두 번째는 최소 기준이다. 사람을 멈추게 만드는 또 하나의 이유는 완벽해야 한다는 압박이다. 처음 해보는 일일수록 "잘못하면 어쩌지", "어설프면 안 되는데"라는 생각이 앞서기 쉽다. 이때 리더는 상대에게 완벽한 결과가 아니라, 지금 단계에서 필요한 최소한의 기준이 무엇인지를 분명히 보여주어야 한다. "완성된 기획안을 가져오라"라고 하지 말고 "오늘은 핵심 아이디어 세 줄만 정리해보면 충분하다"라고 말할 수 있다. "모든 자료를 정리해오라" 대신 "관련 수치 세 개만 먼저 찾으면 된다"라고 할 수도 있다. 최소 기준이 분명해지면, 사람은 막연한 두려움 대신 현실적인 시작점을 붙잡을 수 있다.

세 번째는 다음 한 걸음이다. 첫걸음을 떼고 최소 기준을 채웠다고 해서 사람이 자동으로 계속 나아가는 것은 아니다. 그 다음에는 어디로 가야 하는지가 다시 보이지 않으면, 사람은 금세 멈출 수 있다. 리더는 지금 한 행동 다음에 무엇이 이어지는지도 바로 보여주어야 한다. "계정을 만들었다면 내일은 예시 문서 하나만 열어보자", "목차를 적었다면 그 다음에는 첫 번째 항목 밑에 핵심 문장 하나만 써보면 된다"와 같이 바로 이어질 다음 단계를 짧고 선명하게 제시하는 것이다. 이 3분할 구조가 중요한 이유는 과업의 무게를 실제로 줄여주기 때문이다. 첫걸음은 시작의 저항을 낮추고, 최소 기준은 완벽주의의 압박을 줄이며, 다음 한 걸음은 실행의 흐름이 끊기지 않도록 돕는다. 이 세 단계가 갖추어지면 새로운 과업은 더 이상 막막한 덩어리가 아니라, 순서대로 밟아갈 수 있는 계단처럼 보이기 시작한다.

리더의 역할은 상대를 벼랑 끝으로 밀어 넣고 용기를 증명하라고 요구하는 데 있지 않다. 오히려 그 벼랑 앞에 낮고 단단한 계단을 놓아주는 데 있다. 일이 너무 크게 느껴져 멈춰 있는 사람에게 필요한 것은 더 큰 압박이 아니라, 더 작은 시작이다. 첫걸음을 낮추고, 최소 기준을 분명히 하며, 다음 한 걸음을 보여주는 것. 바로 그 설계가 사람에게 "이 정도라면 해볼 수 있겠다"는 감각을 준다.

◇ 용기를 주는 리더의 문장

사람을 멈추게 만드는 가장 강한 압박 중 하나는 완벽해야 한다는 생각이다. 해야 할 일이 이미 크게 느껴지는 상황에서, 그것을 완성된 형태로 가져와야 한다는 요구까지 더해지면 사람의 뇌는 쉽게 얼어붙는다. 리더는 높은 기준을 제시하고 싶어서 "완벽하게 준비해서 가져오라"라고 말하지만, 상대는 그 말을 듣는 순간 어디서부터 시작해야 할지 더 보이지 않게 된다. 잘해야 한다는 부담이 커질수록, 오히려 시작은 더 늦어진다.

완벽주의는 겉으로는 성실함처럼 보일 수 있다. 그러나 실제로는 실행을 가장 강하게 가로막는 장애물일 때가 많다. 사람은 목표가 지나치게 높거나 과정이 지나치게 복잡하게 느껴질 때, 그것을 해야 할 일로 보기보다 피하고 싶은 부담으로 느낀다. "이 정도는 되어야 한다"는 기준이 너무 커지면, 뇌는 지금 가능한 첫걸음보다 실패했을 때의 부담부터 먼저 떠올리게 된다. 그 순간 사람은 더 열심히 하려 하기보다, 차라리 미루고 싶어진다. 유능한 리더는 완벽을 강조하기보다, 시작 가능한 크기를 먼저 설계해 준다. 리더가 해야 할 일은 더 높은 기준을 외치는 것이 아니라, 그 기준에 이르기 전까지 상대가 한 걸음씩 움직일 수 있는 환경을 만들어주는 것이다. 사람은 완벽을 요구받을 때 위축되지만, 오늘 여기까지만 하면 된다는 기준을 받으면 비로소 움직일 수 있다.

"다 준비해서 가져오라"라고 말하는 대신, "오늘은 전체를 다 하려 하지 말고 핵심 문장 세 줄만 먼저 잡아보자"라고 말할 수 있다. "완성본이 아니라 초안만 있으면 된다", "오늘은 방향만 정리해도 충분하다", "일단 여기까지 해두면 다음 단계는 훨씬 쉬워진다"라고 말할 수도 있다. 이런 말은 상대의 긴장을 느슨하게 만들면서도, 동시에 무엇을 하면 되는지는 분명하게 남긴다. 바로 이 점에서 좋은 격려는 막연한 위로가 아니라, 실행의 문턱을 낮추는 구체적인 안내가 된다.

"완벽 말고, 오늘은 여기까지만"이라는 말이 힘을 가지는 이유도 여기에 있다. 이 문장은 느슨하게 하자는 뜻이 아니다. 오히려 지금 가능한 만큼을 분명히 하여, 멈춰 있는 상태를 움직이는 상태로 바꾸는 말에 가깝다. 사람은 전체를 다 해내야 한다고 느낄 때는 부담을 느끼지만, 오늘 가능한 범위만 해도 된다고 느낄 때는 다시 손을 댈 수 있다. 그렇게 한 번 움직이기 시작하면, 다음 걸음도 훨씬 가벼워진다.

이때 리더가 함께 해줄 수 있는 일도 있다. 상대가 처음 겪는 과업이라면, 전체를 혼자 다 짊어지게 두기보다 기초 자료를 먼저 정리해주거나, 참고할 수 있는 예시를 붙여주거나, 확인해야 할 핵심 항목만 먼저 추려줄 수 있다. 중요한 것은 "혼자서 완벽하게 해내라"가 아니라, "지금 네가 움직일 수 있도록 환경을 조금 더 쉽게 만들어 두겠다"는 메시지를 전하는 데 있다. 여기서 리더의 역할은 응원자가 아니라 설계자에 더 가깝다.

데일 카네기의 조언을 다시 빌리면, 해야 할 일이 어렵지 않게 느껴지도록 만들어야 한다. *"Make the fault seem easy to correct."* **실수조차 고치기 어려운 문제가 아니라, 충분히 바로잡을 수 있는 일처럼 보이게 하라는 뜻이다.** 사람은 강한 채찍 앞에 서보다, 넘을 수 있을 것 같은 문턱 앞에서 훨씬 잘 움직인다.

용기를 주는 리더는 채찍을 드는 사람이 아니다. 그는 상대가 멈춘 이유를 게으름으로 단정하지 않고, 그 일이 지금 얼마나 크게 느껴지고 있는지 먼저 살핀다. 그리고 그 부담을 줄일 수 있는 문장을 건넨다. "완벽하지 않아도 괜찮다", "오늘은 여기까지만 해보자", "지금은 시작하는 것이 더 중요하다" 같은 말은 상대를 봐주는 말이 아니라, 실제로 다시 움직이게 만드는 설계의 말이다.

사람을 움직이는 힘은 높은 기준만으로 생기지 않는다. 그 기준에 닿기 전까지, 오늘 가능한 만큼의 진전을 허용해 주는 환경이 있어야 한다. 완벽을 요구하는 말은 사람을 멈추게 할 수 있지만, 오늘 가능한 만큼을 허용하는 말은 사람을 다시 걷게 만든다. 바로 그 점에서 "완벽 말고, 오늘은 여기까지만"은 가장 따뜻한 응원이라기보다, 가장 현실적인 리더의 설계 문장에 가깝다.

제 29 장

억지로 시키지 말고
기꺼이 움직일
이유를 주어라

의미와 선택권이 만날 때, 의무는 기꺼움으로 바뀐다

◇ 사람을 움직이는 마지막 열쇠

사람은 단순히 지시를 받는다고 오래 움직이지 않는다. 처음에는 시키는 대로 할 수 있어도, 시간이 지나면 그 일에 마음이 남지 않는다. 해야 하니까 하는 일과, 하고 싶어서 하는 일 사이에는 겉으로 잘 드러나지 않지만 결정적인 차이가 있다. 그 차이를 만드는 것이 바로 통제감과 의미이다. 내가 왜 이 일을 해야 하는지 납득할 수 있고, 그 과정에서 내 선택이 조금이라도 반영된다고 느낄 때 사람은 비로소 의무를 자기 일로 받아들이기 시작한다.

리더는 종종 명확한 지시가 가장 효율적이라고 생각한다. 무엇을 해야 하는지, 언제까지 해야 하는지, 어떻게 해야 하는지를 분명하게 말해주면 일이 빨라질 것이라고 믿는다. 그러나 사람이 오래 힘을 내어 움직이게 만들려면, 분명한 지시만으로는 부족하다. 사람은 기계가 아니기 때문이다. 사람은 자신이 왜 이 일을 해야

하는지, 이 일이 어떤 의미를 가지는지, 그리고 그 안에 내 판단
과 선택의 몫이 얼마나 남아 있는지에 따라 전혀 다르게 움직인
다. 중요한 것은 선택권을 많이 주는 것 자체가 아니다. 더 핵심적
인 것은 그 일이 내 의지와 연결되어 있다고 느끼게 만드는 것이
다. 내가 이 일에 조금이라도 참여하고 있다고 느낄 때 사람은 외
부의 압박이 아닌 자기 몫으로 받아들이기 시작한다. 그러나 그것
만으로는 오래가지 않는다. 선택이 있어도 의미가 없으면 일은 금
세 피로가 된다. 반대로 의미가 있어도 선택의 여지가 전혀 없으
면 사람은 스스로 움직인다는 감각을 잃는다. 결국 오래 가는 자
발성은 통제감과 의미가 함께 있을 때 생긴다.

사람은 무엇을 할 것인가뿐 아니라, 왜 해야 하는가를 알고 싶어
한다. 지금 하고 있는 일이 더 큰 흐름 속에서 어떤 의미를 가지는
지 모르면, 쉽게 단순 반복이나 소모처럼 느껴진다. 리더는 과업
을 지시하기 전에 그 과업이 어디로 연결되는지 보여줄 수 있어야
한다. "이 숫자들을 정리해달라"라고만 하면 단순 작업처럼 들릴
수 있다. 하지만 "이 정리가 있어야 다음 분기 예산안을 설득할 수
있고, 그 결과가 팀의 다음 기회를 좌우한다"라고 말하면 같은 일
도 전혀 다른 무게를 갖는다. 의미가 생기는 순간 사람은 자기 에
너지를 단순 소비가 아니라 축적으로 느끼기 시작한다.

데일 카네기는 이렇게 말한다. *"Ask yourself the question:
Why should he want to do it?"* 왜 그 사람이 그것을 하고 싶어

하겠는가를 먼저 물어보라는 뜻이다. 이 문장은 단순한 협상 기술이 아니다. 인간을 오래 움직이게 만드는 힘이 무엇인지를 꿰뚫는 질문이다. 사람은 남의 목표를 위해서만 오래 버티지 않는다. 내가 왜 이 일을 해야 하는지, 이 일이 나와 우리에게 어떤 가치를 남기는지 알 때 더 깊이 움직인다.

사람을 기꺼이 움직이게 만드는 리더는 두 가지를 함께 설계한다. 하나는 내가 선택할 수 있다는 감각이고, 다른 하나는 이 일을 해야 할 이유가 분명하다는 감각이다. 선택은 주도권을 살리고, 의미는 에너지를 붙인다. 이 둘 중 하나라도 빠지면 일은 쉽게 의무로만 남는다. 그러나 둘이 함께 있을 때 사람은 그 일을 억지로 끌고 가지 않고, 스스로 밀고 가기 시작한다. 자발성은 강요해서 만들어지지 않는다. 그것은 리더가 충분한 의미를 보여주고, 동시에 선택할 수 있는 여지를 남겨둘 때 자연스럽게 피어나는 태도이다. 진짜 리더십은 사람을 억지로 끌고 가는 데 있지 않다. 오히려 상대가 스스로 운전대를 잡고 싶어지게 만드는 데 있다. 의미와 선택권이 함께 주어질 때, 의무는 비로소 기꺼움으로 바뀐다.

◇ **"이 일을 하면 당신에게 무엇이 좋은가"를 정직하게 연결하기**

사람은 자신과 상관없는 일에 오래 마음을 쓰지 않는다. 아무리 조직에 중요한 과업이라 해도, 그것이 자기 삶과 어떻게 연결되는지 보이지 않으면 금세 남의 일처럼 느껴진다. 많은 리더가 바로 이 지점에서 실수한다. 회사에 왜 필요한지, 팀에 왜 중요한지, 지금 왜 시급한지만 설명하고 끝내는 것이다. 그러나 사람을 기꺼이 움직이게 만들려면 거기서 한 걸음 더 들어가야 한다. 이 일이 개인에게 어떤 의미가 있고, 어떤 성장과 기회로 이어질 수 있는지를 함께 보여주어야 한다.

사람은 누구나 마음속으로 "이 일을 하면 나에게 무엇이 좋은가" 같은 질문을 던진다. 이 질문은 이기적인 태도가 아니며, 오히려 인간이 어떤 일을 자기 일로 받아들이는 가장 자연스러운 방식이다. 내가 왜 이 일을 해야 하는지 납득하려면, 그것이 나의 시간과 노력, 성장과 어떤 관련이 있는지 먼저 보여야 하기 때문이다. 리더가 해야 할 일은 과업의 필요성을 조직의 언어로만 설명하는 데 있지 않다. 그 과업이 개인의 커리어, 역량, 기회와 어떻게 연결되는지를 알려주는 데 있다. 중요한 것은 이 연결이 과장되거나 억지스러워서는 안 된다는 점이다. 모든 일을 다 거창한 성장의 기회처럼 포장하려 들면, 상대는 금세 그 말을 불신하게 되기에 정직한 연결이 필요하다. 어떤 일은 실제로 새로운 기술을 익히는 기회가 될 수 있고, 어떤 일은 신뢰를 쌓는 계기가 될 수 있으며, 또 어떤 일은 다음 프로젝트에서 더 큰 자율권을 얻기 위한 증거가 될 수도 있다.

조직의 필요가 개인의 의미와 연결될 때, 사람은 과업을 남의 일이 아니라 자기 성장의 일부로 받아들이기 시작한다. 바로 그때 일은 할당된 의무에서 벗어나 스스로 의미를 붙잡을 수 있는 과제가 된다. 사람을 기꺼이 움직이게 만드는 말은 회사의 필요만 말하는 말이 아니다. 그것은 "이 일이 중요하다"에서 멈추지 않고, "그리고 이 일은 당신에게도 이런 의미가 있다"까지 가는 말이다. 리더가 이 연결을 정직하게 해줄 수 있을 때, 상대는 자신이 단지 조직의 톱니바퀴가 아니라 자기 미래를 쌓아가는 주체라고 느끼게 된다. 바로 그 감각이 있어야 사람은 수동적으로 끌려가지 않고, 스스로 의미를 붙잡은 채 오래 움직일 수 있다.

◇ 기꺼움이 생기는 제안의 세 요소

결국 사람을 기꺼이 움직이게 만드는 제안에는 이유, 역할, 보상 이 세 가지가 함께 있다. 이것은 새로운 기술이라기보다, 사람이 어떤 일을 자기 일로 받아들이는 기본 구조에 가깝다.

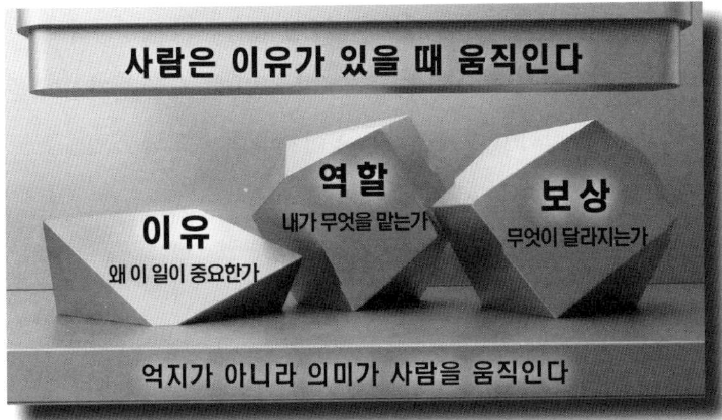

첫째는 이유이다. 사람은 자신이 하는 일이 더 큰 흐름 속에서 어떤 의미를 갖는지 알고 싶어 한다. 이유가 빠진 과업은 쉽게 의무가 된다. 반대로 이 일이 왜 필요한지 분명해지는 순간, 사람은 자신이 단순한 수행자가 아니라 더 큰 흐름 안에 참여하고 있다고 느끼게 된다. 이유는 과업에 방향을 부여한다.

둘째는 역할이다. 사람은 자신이 특별히 필요한 존재라고 느낄 때 더 적극적으로 움직인다. 좋은 제안은 단순히 일을 나누어주는 데서 끝나지 않고, 그 사람이 이 역할에 어울리는지를 함께 말해준다. "이 일 좀 맡아달라"보다 "당신의 강점이 이 일에 잘 맞는다"라는 말이 더 강하게 작동하는 이유가 여기에 있다. 역할은 과업에 자부심과 주인의식을 부여한다.

셋째는 보상이다. 여기서 말하는 보상은 꼭 돈이나 인센티브만을 뜻하지 않는다. 실제로 사람을 오래 움직이게 만드는 보상은 인정과 자율, 성장일 때가 많다. 이 경험이 이후 어떤 평판과 기회, 어떤 다음 역할로 이어질 수 있는지가 보일 때 사람은 자신이 쏟는 시간과 노력이 단지 소모되는 것이 아니라 축적되고 있다고 느낀다. 보상은 과업에 지속할 이유를 부여한다.

이 세 요소는 하나만으로는 충분하지 않다. 이유만 있으면 명분은 생기지만, 내가 왜 해야 하는지는 약해질 수 있다. 역할만 있으면 자부심은 생기지만, 그 일이 왜 중요한지는 흐릴 수 있다. 보상만 강조하면 계산적인 거래처럼 들릴 수 있다. 그러나 이유와 역할, 보상이 함께 있을 때 제안은 단순한 업무 지시가 아니라 납득 가능한 참여 요청이 된다. 왜 이 일이 필요한지 알고, 왜 내가 필요한지 이해하고, 이 과정을 통해 무엇을 얻게 되는지 보일 때 사람은 비로소 그 일을 자기 일로 받아들인다.

기꺼움은 억지로 만들어지지 않는다. 그것은 충분한 이유가 있고, 분명한 역할이 있으며, 납득할 수 있는 보상이 있을 때 자연스럽게 생겨나는 태도이다. 리더의 제안이 소모시키는 명령이 아닌, 그 사람을 채우고 성장하게 만드는 기회로 보일 때 조직은 훨씬 더 살아 있는 움직임을 갖게 된다. 바로 그 지점에서 의무는 기꺼움으로 바뀌고, 사람은 시켜서가 아니라 스스로 움직이기 시작한다.

이 책이 끝내 말하고자 했던 것도 결국 같은 한 가지이다. 사람은 마음이 닫히면 아무리 옳은 말 앞에서도 움직이지 않는다. 반대로 스스로 존중받고 있다고 느끼고, 자신의 판단이 남아 있다고 느끼고, 지금 하는 일이 자기 삶과도 연결되어 있다고 느끼는 순간에는 놀랄 만큼 깊고 오래 움직인다. 강요는 사람을 잠시 움직이게 할 수 있지만 오래 움직이게 하지는 못한다. 사람이 끝까지 가게 만드는 힘은 자기 안의 의미에서 나온다. 의미와 통제감이 함께할 때, 의무는 기꺼움으로 바뀐다.

【 4부를 지나며 】

리더십은 사람을 더 세게 몰아붙이는 일이 아니다. 4부는 오히려 사람이 움츠러들지 않으면서도 스스로 움직이게 만드는 조건을 다룬다. 공개적으로 깎아내리지 않는 태도, 체면을 지켜주는 방식, 한 번의 실수로 사람 전체를 규정하지 않는 시선, 작게 시작할 수 있도록 돕는 배려는 대화의 방향을 바꾼다. 사람은 압박 속에서 잠깐 움직일 수는 있어도 오래 가지 못한다. 반대로 존중받고 있다고 느낄 때, 다시 해볼 수 있다고 믿게 될 때 더 오래 성장한다. 결국 좋은 리더십은 사람을 바꾸려 드는 힘에 있지 않다. 그 사람이 자기 안의 힘을 꺼내 쓸 수 있게 돕는 태도에 있다.

4부에서 기억할 원칙

- ✓ 리더십은 통제보다 자발성을 살리는 일이다.
- ✓ 체면을 지켜줄 때 사람은 다시 움직인다.
- ✓ 실수로 사람 전체를 판단하지 말아야 한다.
- ✓ 좋은 리더는 가능성이 나오게 돕는다.

Epilogue

기술은 진화하지만,

사람의 마음은 반복된다

관계는 '잘 말하는 사람'이 아니라
'안전한 사람'이 만든다

우리는 누구보다 빠르고 정교한 기술의 시대를 살고 있다. 하루에도 수십 번씩 생성형 AI와 대화하며 문장을 고치고, 자료를 정리하고, 답을 찾는다. 기술은 놀라울 만큼 빠르고 정확하다. 그러나 그 완벽한 효율 속에서도 사람은 여전히 사람에게 상처받고, 사람에게 위로받고, 사람에게서 다시 움직일 힘을 얻는다. 기술이 끝내 대신할 수 없는 것은 바로 이 지점이다.

이 책이 끝까지 붙들고 있었던 것도 하나이다. 사람은 논리만으로 움직이지 않는다는 사실이다. 사람은 비판 앞에서 방어하고, 인정 앞에서 살아나며, 통제 앞에서 움츠러들고, 존중 앞에서 자기 힘을 꺼낸다. 시대가 바뀌어도 이 기본은 좀처럼 달라지지 않는다. 사람은 여전히 자존심을 지키고 싶어 하고, 자신의 노력이 의미 있기를 바라며, 자신을 함부로 다루지 않는 사람 곁에서 더 잘 자란다.

관계를 잘 만든다는 것은 말을 잘하는 능력이 아니다. 정말 중요한 것은 상대가 내 앞에서 얼마나 안전하다고 느끼는가이다. 내 말 한마디가 상대를 더 작아지게 만드는가, 아니면 다시 자기 힘을 꺼낼 수 있게 만드는가? 관계의 수준은 여기서 갈린다.

이 책에서 다룬 여러 원칙도 모두 같은 방향을 향하고 있다. 비판보다 요청을 선택하는 일, 체면을 지켜주는 일, 질문으로 주도권을 돌려주는 일, 작은 진전을 인정하는 일, 완벽보다 시작 가능한 크기를 허용하는 일. 이것은 상대를 조종하기 위한 기술이 아니다. 상대가 방어를 내려놓고 자기 힘으로 다시 움직일 수 있게 만드는 환경의 설계이다. 좋은 리더십도 사람을 몰아붙이는 힘이 아니라, 사람 안에 이미 있는 힘이 밖으로 나올 수 있게 돕는 태도에 가깝다.

기술은 앞으로도 더 빨라지고 더 정교해질 것이다. 하지만 그럴수록 더 분명해지는 사실이 있다. 사람은 끝내 사람에게서 힘을 얻는다는 사실이다. 화면 너머로 수많은 정보가 오가는 시대일수록, 누군가를 대하는 태도는 더 중요해진다. 차갑게 정답만 던지는 사람보다, 한 사람의 체면과 속도와 가능성을 함께 고려하는 사람이 더 오래 남는다.

우리가 배워야 할 가장 중요한 힘은 사람을 움직이는 기술이 아니다. 사람이 자기 힘으로 다시 움직일 수 있게 만드는 태도이다. 누군가를 안전하게 만드는 사람, 함부로 무너뜨리지 않는 사람, 작은 가능성을 먼저 믿어주는 사람. 오래 남는 관계는 언제나 그런 사람 곁에서 만들어진다.

데일 카네기의 원칙으로 배우는 AI시대 인간관계 법칙

다시, 인간관계론

초판 1쇄 발행 2026년 4월 20일

저자　　　제이한 (J. Han)
발행인　　박용범
펴낸곳　　리프레시

출판등록　제 2015-000024호 (2015년 11월 19일)
주소　　　경기 의정부시 평화로 471, 418호
전화　　　031-876-9574
팩스　　　031-879-9574
이메일　　mydtp@naver.com

편집책임　박용범
디자인　　리프레시 디자인팀
마케팅　　JH커뮤니케이션

ISBN　979-11-995317-8-9 (03190)